Déco Fimo
et pâtes durcissantes

Irène LASSUS
Marie-Anne VOITURIEZ

Dessain et Tolra

Pour chaque réalisation, le niveau de difficulté est indiqué :

◎	TRÈS FACILE
◎◎	FACILE
◎◎◎	MINUTIEUX

Remerciements

LOISIRS ET CRÉATION
53, rue de Passy, 75016 Paris. Tél. : 01 42 15 13 43.
Adresses des douze points de vente au 01 48 80 64 00.

TOUT À LOISIRS
50, rue des Archives, 75004 Paris. Tél. : 01 48 87 08 87.

L'éditeur remercie aussi DTM Loisirs Créatifs pour la fourniture de pâte Fimo ayant servi à réaliser les créations de ce livre.
Adresses des points de vente de pâte Fimo : www.dtm.fr

Dépôt légal : mars 2004
ISBN : 2-04-720112-8

Direction éditoriale : Meriem Varone
Coordination éditoriale : Valérie Gendreau

Édition : Sylvie Hano
Relecture : Madeleine Biaujeaud
Mise en pages : Bénédicte Chantalou
Photographies : Francis Waldman
Stylisme : Pascale Chombart de Lauwe
Couverture : Olivier Caldéron - Véronique Laporte

Fabrication : Anne Raynaud
Photogravure : Scann'ouest

Sommaire

Techniques générales

Les couleurs

Réalisations

Introduction

Les pâtes à modeler (Fimo, à cuire ou autodurcissante...) sont plastiques, faciles à travailler, idéales pour la création d'objets de petite taille. Elles ne nécessitent pas beaucoup de matériel.

Les pâtes à modeler à cuire se cuisent simplement, au four, à faible chaleur. C'est une technique à la portée de tous, que vous pourrez expérimenter en famille et qui amusera les enfants.

Grâce aux couleurs vives de la pâte à modeler à cuire, vous pourrez réaliser des objets de décoration, des accessoires, des bijoux, des décors pour des chambres d'enfants, des cadeaux gais, ludiques, simples. En associant les couleurs, donnez libre cours à votre imagination et confectionnez des millefiori riches et variés. Ils sont un peu délicats à réaliser, mais le succès est garanti.

Les pâtes durcissant à l'air sont aisées à modeler et permettent de créer des volumes. On peut les laisser telles quelles ou choisir de les peindre. Comme les pâtes à modeler à cuire, elles peuvent être vernies ou simplement peintes.

Multipliez les possibilités en associant ces pâtes à d'autres matériaux comme les perles, les paillettes, les cabochons ou le fil de fer pour réaliser des décors de fête et des objets pleins de fantaisie.

Matériel

1. Peinture spéciale décor, existe dans de nombreuses couleurs, d'aspect brillant ou mat

2. Pinceaux et brosses de différentes tailles pour la peinture et le vernis

3. Papier de verre fin pour poncer les objets

4. Gros pinceau à dépoussiérer

5. Colle gel transparente pour coller les motifs de pâte à modeler sur des supports en bois, métal...

6. Vernis liquide (existe aussi en bombe)

7. Thermomètre de four pour s'assurer de la température constante du four

8. Cutter pour découper des bandes de pâte à modeler

9. Scalpel pour découper des motifs dans la pâte à modeler avec un gabarit ou à main levée

10. Règle métallique

11. Plaques de carton servant de cales pour réaliser des plaques de pâte d'épaisseur régulière

12. Plaque de verre servant de plan de travail pour modeler la pâte pendant la fabrication et de support pour la cuisson

13. Pics à brochette pour dessiner des motifs et des nervures sur la pâte à modeler

14. Spatules ou ébauchoirs pour lisser les raccords

15. Rouleau en bois pour aplatir la pâte à modeler

16. Pâte à modeler à cuire (pâte Fimo)

17. Pâte ramollissante

18. Pâte très légère durcissant à l'air blanche

19. Pâte durcissant à l'air devenant blanche au séchage

1
2
3
4
5
6
7
8
9
10
11
12
13
14
15
16
17
18
19
EBERHARD FABER

Techniques générales

Travaillez la pâte à modeler à cuire ainsi que les différentes pâtes durcissant à l'air sur une plaque de verre. La plaque de verre vous servira à la fois de plan de travail et de plaque pour la cuisson. Veillez à la nettoyer régulièrement avec un produit pour les vitres pour que la pâte à modeler ne colle pas dessus. Nettoyez-la bien, notamment avant chaque changement de couleur.
Choisissez une plaque de verre suffisamment épaisse pour ne pas risquer de la casser lorsque vous appuyez avec le rouleau ou lors de la cuisson

Les pâtes durcissant à l'air

On utilise indifféremment les divers types de pâtes durcissant à l'air. Leur consistance n'est pas tout à fait identique et le choix de l'une ou de l'autre est avant tout une question de préférence personnelle. On les emploie en général pour les objets les plus grands. Elles sont particulièrement bien adaptées au modelage, mais peuvent aussi s'étaler au rouleau et se travailler au cutter. Comptez 12 à 24 heures de séchage. Le temps de séchage dépend de l'épaisseur de l'objet. De couleur blanche, les pâtes durcissant à l'air peuvent être peintes après séchage avec les couleurs de votre choix. Pour éviter un ponçage trop important, il est préférable de lisser les objets en pâte durcissant à l'air avec de l'eau avant qu'ils soient secs.

ATTENTION

La cuisson des objets en pâte Fimo est très simple, à condition de bien respecter les indications du fabricant.

La pâte à modeler à cuire

La pâte à modeler à cuire (pâte Fimo) ne sèche pas à l'air. Tant qu'elle n'a pas été cuite, elle reste molle et réutilisable. Gardez toujours les chutes. Conservez-les dans une boîte hermétique ou bien emballez-les dans du papier d'aluminium ou un film plastique. Commencez toujours par bien malaxer la pâte Fimo pour la ramollir, ce qui facilitera ensuite le modelage à la main ou le travail avec un rouleau. La souplesse de la pâte permet de réaliser des décors ajourés.
Vous pouvez associer les couleurs en collant des plaques de pâte à modeler de différentes couleurs entre elles sans qu'elles se mélangent : c'est la technique du millefiori (voir page 13). Vous pouvez également superposer les couleurs (voir bougeoir multicolore pages 16-17).
Les différentes couleurs sont également miscibles entre elles et permettent d'obtenir de nouvelles nuances (voir page 12).

La cuisson

Faites cuire la pâte à modeler sur une plaque de verre. Préchauffez le four à 130 °C, puis laissez cuire l'objet pendant 30 minutes au maximum, à température constante. N'excédez jamais le temps ni la température de cuisson : des fumées nocives pourraient alors se dégager. Pour plus de sécurité, vous pouvez utiliser un thermomètre à four.
Attention ! Ne faites jamais cuire la pâte à modeler au four à micro-ondes.
Sachez que la pâte rétrécit très peu à la cuisson. Une fois cuits, les objets peuvent être lavés. Ils sont imperméables à l'eau.

Le ramollissement

Certaines qualités de pâte à modeler à cuire (notamment Classic) nécessitent l'utilisation d'une pâte ramollissante. Celle-ci est toujours de couleur blanche. Mélangez-la avec la pâte à modeler de couleur jusqu'à ce que vous obteniez une couleur homogène. Utilisée en faible quantité, la pâte ramollissante ne modifie pas la couleur de la pâte.

Le modelage

La boule

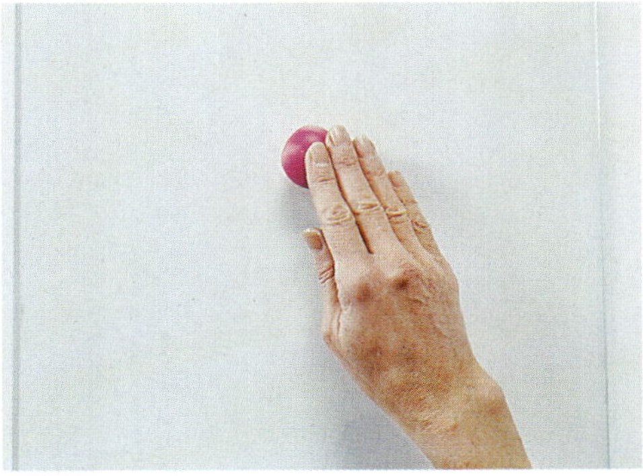

Prenez un morceau de pâte à modeler. Après l'avoir bien malaxé pour l'assouplir, roulez la pâte en boule entre vos mains. Puis roulez la boule sur la plaque de verre avec la paume de la main, sans appuyer, pour l'égaliser. Procédez ainsi quelle que soit la taille de la boule que vous souhaitez obtenir.

Le colombin

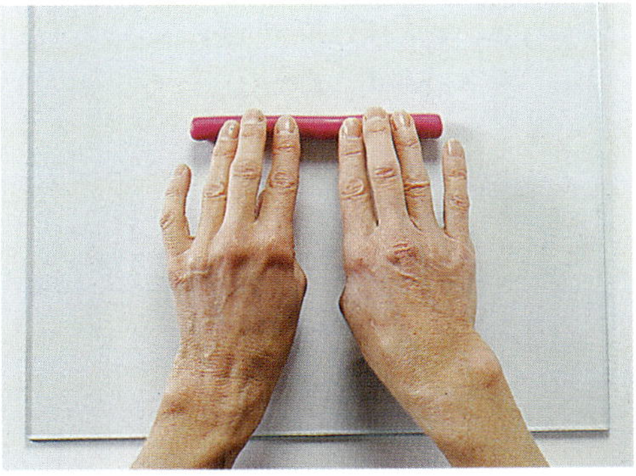

Commencez par faire une boule de pâte puis roulez-la dans la main pour lui donner une forme allongée. Roulez-la ensuite avec les deux mains sur la plaque de verre jusqu'à ce que vous obteniez le diamètre ainsi que la longueur souhaités. Veillez à ce que le diamètre du colombin soit bien régulier.

La plaque

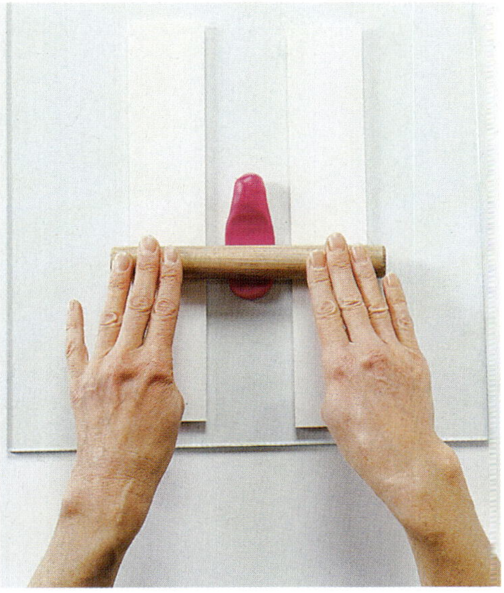

Préparez une boule de pâte à modeler puis écrasez-la à l'aide du rouleau. Arrêtez-vous lorsque votre plaque a l'épaisseur souhaitée. Pour obtenir une plaque d'épaisseur régulière, placez de part et d'autre de la plaque des cales en carton. Le rouleau doit s'appuyer sur ces cales. L'épaisseur de la plaque de pâte à modeler correspond à l'épaisseur des cales.

La mise en forme

La découpe

La pâte à modeler à cuire se découpe facilement au cutter ou au scalpel, qui permettent des coupes nettes et précises. Le scalpel sera privilégié pour découper un motif, avec un gabarit ou à main levée. Le cutter sert plutôt pour couper des bandes à l'aide d'une règle. Veillez bien à ce que la lame du cutter ne soit pas émoussée.

ÉLÉMENTS DE BASE

Le colombin, la boule et la plaque sont le point de départ de tout objet en pâte à modeler.

Le modelage à la main

Partez d'une boule de pâte ou d'un colombin puis pincez ou appuyez à certains endroits pour obtenir la forme désirée.

Les finitions

Vous pouvez décorer vos objets en pâte à modeler en dessinant des motifs, des nervures ou en les perforant. Pic à brochette, épingle ou aiguilles de différentes tailles vous seront utiles pour ce travail à effectuer avant la cuisson ou le séchage, selon le type de pâte à modeler utilisé.
Les pâtes durcissant à l'air peuvent être lissées à l'eau lorsqu'elles sont encore humides.

Le démoulage après cuisson

Attendez cinq minutes après avoir sorti les objets du four pour les démouler. La pâte à modeler possède alors encore de la souplesse et vous ne risquez pas de vous brûler. Tirez sur le surplus de papier sulfurisé.

Le ponçage

Les différentes pâtes à modeler se lissent avec du papier de verre fin, après séchage ou cuisson selon le cas. Dépoussiérez bien les objets avec un gros pinceau avant de les peindre.

CUISSON

La pâte à modeler se cuit dans un four à faible température. Vous ne risquez guère de vous brûler en sortant les objets du four, ce qui n'empêche pas la prudence.

La peinture

Utilisez de la peinture acrylique de la couleur de votre choix. Appliquez-la avec un pinceau doux sur l'objet cuit ou sec, selon le type de pâte à modeler choisi. Si vous utilisez de la peinture spéciale décor, une seule couche suffit.

La patine

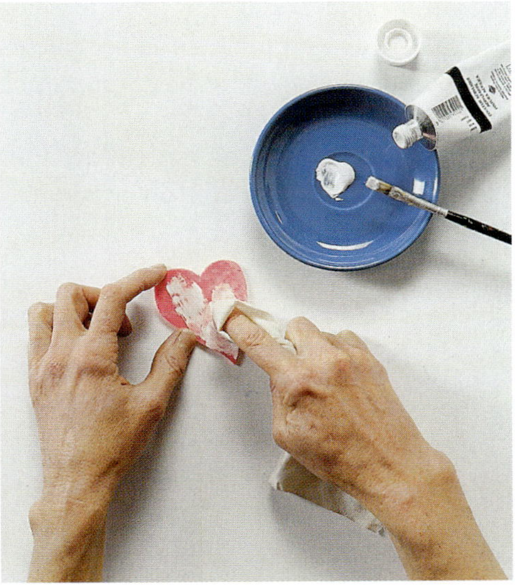

Une fois vos réalisations terminées (cuites ou sèches), vous pouvez les patiner. Mettez un peu de peinture acrylique pure sur votre pinceau et appliquez-la sur l'objet. Puis étalez de manière irrégulière avec un chiffon.

Le vernis

Après cuisson ou séchage selon le type de pâte à modeler employé, vous pouvez vernir vos réalisations. Cela leur donnera un aspect brillant tout en les protégeant. Passez deux couches de vernis avec un pinceau doux. Laissez bien sécher entre chaque couche.

Les couleurs

Les couleurs des pâtes à modeler à cuire sont variées et leurs teintes sont souvent vives et gaies. Pour créer de nouvelles nuances, n'hésitez pas à les mélanger entre elles. Commencez toujours par faire un essai avec une petite quantité de pâte à modeler pour vérifier que le résultat n'est pas sale ou triste. Vous éviterez ainsi de gâcher de la pâte à modeler.

Les contrastes

En juxtaposant des tons très différents vous créez un contraste. Par exemple, vous pouvez superposer des plaques de couleurs contrastées (ici vert, rouge, jaune) puis couper des tranches. Vous pouvez également réaliser des spirales avec des couleurs contrastées (ici rose et bleu).

Les camaïeux

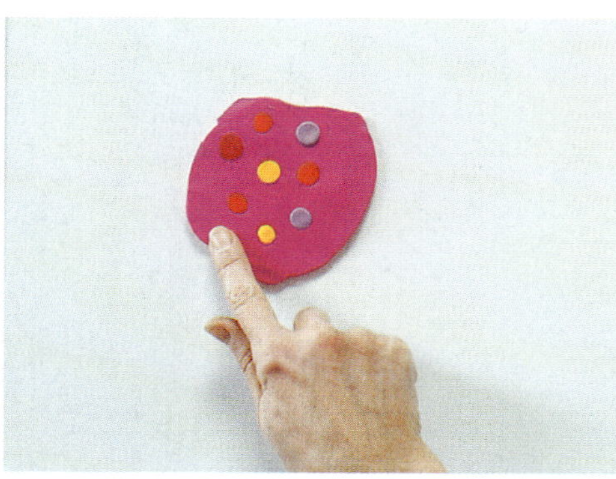

Les contrastes ne sont pas toujours recherchés. On peut préférer décliner un même ton, pour créer une ambiance par exemple. On peut obtenir un décor en camaïeu en appliquant des petites boules rouges et mauves sur une plaque rose. On peut également réaliser un décor camaïeu en superposant des plaques de pâte à modeler de même tonalité.

Les mélanges

Si vous ne possédez pas une couleur ou si vous souhaitez créer une nuance, vous pouvez mélanger deux tons de pâte à modeler. Malaxez ensemble les deux couleurs choisies jusqu'à ce que vous obteniez une nouvelle couleur uniforme.
En ajoutant du blanc, on obtient des tons pastel. En ajoutant du noir, on obtient des teintes foncées.

Tableau des couleurs
Mélanges de couleurs primaires

rouge	+	*jaune*	=	*orange*
bleu	+	*jaune*	=	*vert*
rouge	+	*bleu*	=	*violet*

Le millefiori

Les couleurs et la plasticité de la pâte à modeler à cuire en font une matière idéale pour la réalisation de millefiori.
La technique de base expliquée ici par étapes permet par la suite de nombreuses variations de couleurs, de formes et aussi de motifs. Veillez à juxtaposer des couleurs contrastées pour bien faire ressortir votre motif. La plaque fine ainsi que le colombin sont la base et le point de départ de tous les décors millefiori.

La spirale

Préparez deux plaques fines de pâte, superposez-les et enroulez-les ensemble pour former un motif de spirale.

La plaque rayée

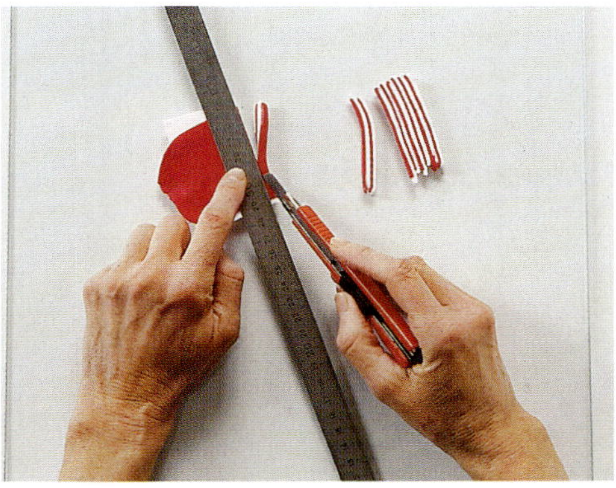

Superposez plusieurs plaques (ici rouges et blanches). Coupez le bloc obtenu en tranches et juxtaposez-les pour obtenir une plaque régulièrement rayée.
En aplatissant avec un rouleau une plaque rayée, vous modifierez le motif (les bandes deviendront plus larges) et l'épaisseur de la plaque.

Le soleil

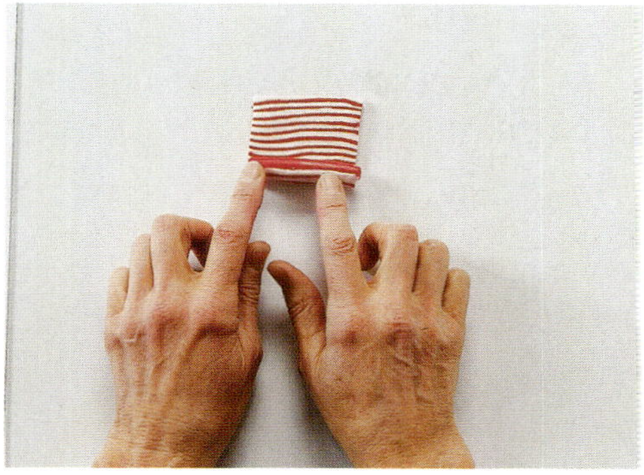

Enroulez un colombin de couleur unie dans une plaque rayée. Coupez des tranches. Vous obtenez un motif de soleil sur chaque tranche.

Le motif

Entourez avec une grande plaque plusieurs colombins constitués par la juxtaposition de plaques de différentes couleurs. Coupez le colombin obtenu en tranches fines. Assemblez les tranches entre elles pour créer un motif de fleurs.

L'aplatissement

Après les avoir assemblées, aplatissez les tranches au rouleau pour faire une plaque dans laquelle vous découperez le motif.

FACILE

Galets argent

Chics et originaux, ces galets argentés trouveront parfaitement leur place sur une table de fête.

FOURNITURES

- Pâte à modeler blanche durcissant à l'air
- Peinture spéciale décor argent
- Colle gel transparente
- Bougie

MATÉRIEL

- Plaque de verre
- Pics à brochette
- Cutter
- Papier de verre fin
- Gros pinceau doux
- Pinceau moyen
- Feutre
- Pince coupante

CONSEILS

Préparez quelques galets sans encoche pour servir de décor de table ou de porte-couteau.

1 Le modelage

Préparez des boules de taille moyenne avec la pâte à modeler. Modelez-les de façon à leur donner la forme de galets avec une base assez plate afin de pouvoir les superposer facilement. Lissez-les avec un peu d'eau. Réalisez ainsi trois ou quatre galets de différentes tailles. Le galet formant la base du bougeoir doit être légèrement plus grand que les autres et bien plat en dessous. Lorsque les galets ne sont pas encore secs, plantez une bougie dans le galet supérieur pour faire l'empreinte. Retirez-la. Puis avec un pic à brochette, trouez tous les galets au centre. Pour les porte-noms d'invités, faites une fente au cutter dans la pâte.

2 Le ponçage et la peinture

Laissez sécher les galets pendant au moins 12 heures, puis poncez-les avec du papier de verre fin pour qu'ils soient bien lisses et réguliers. Utilisez un gros pinceau doux pour les dépoussiérer. Avec un pinceau moyen, peignez-les en argent. Passez deux couches. Laissez bien sécher les galets entre chaque couche.

3 La préparation de la structure

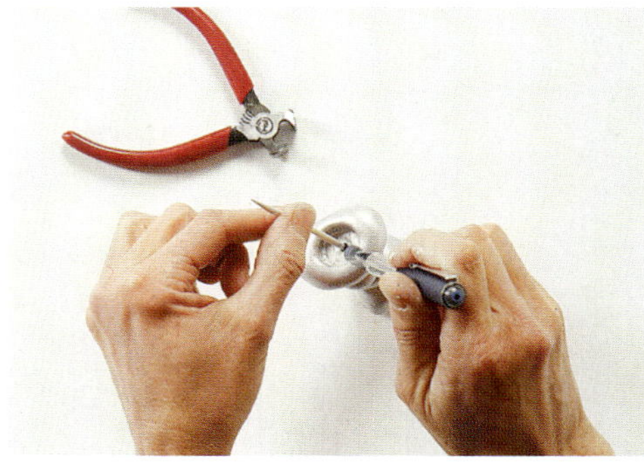

Enfilez vos galets sur un pic à brochette, du plus gros au plus petit. Terminez par celui avec l'empreinte. Faites une marque sur le pic à brochette, avec un feutre, au ras du dernier galet. Retirez le pic à brochette et coupez-le sur la marque avec une pince coupante.

4 Le montage du bougeoir

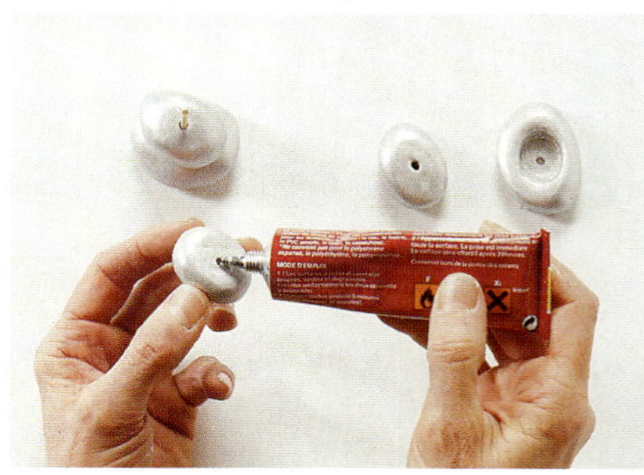

Enfilez à nouveau les galets sur le pic à brochette, dans le même ordre que précédemment. Mettez un point de colle dans chaque trou avant d'enfiler le galet sur le pic. Laissez sécher.

PaPa
Mamie

FACILE

Bougeoir multicolore

De la couleur et des rayures pour un bougeoir original et décoratif qui diffusera sa lumière douce dans la maison.

FOURNITURES

- Pâte à modeler à cuire de 10 couleurs différentes
- Papier à dessin
- Bougie chauffe-plat

MATÉRIEL

- Plaque de verre
- Rouleau
- Ciseaux
- Règle
- Cutter
- Pic à brochette
- Scalpel

❶ La préparation des plaques

Sur une plaque de verre, étalez avec un rouleau une vingtaine de plaques de pâte à modeler à cuire d'environ 3 mm d'épaisseur chacune et d'au moins 10 cm de côté. Superposez-les en veillant à alterner les couleurs de façon harmonieuse.

❷ La découpe du bougeoir

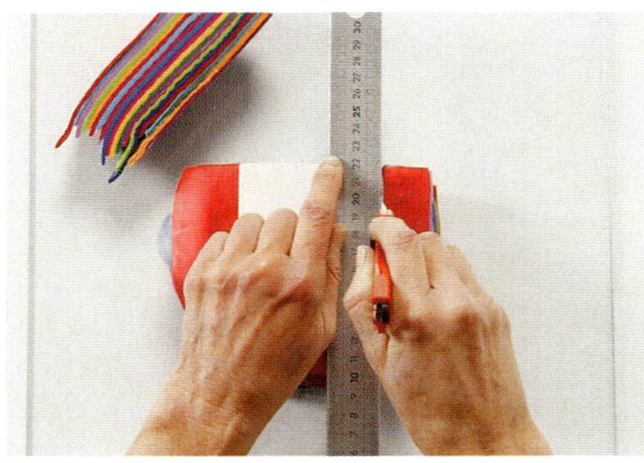

Découpez un carré de papier de 8 cm de côté. Placez-le sur la pile de plaques. Centrez-le bien. Avec la règle et le cutter ouvert au maximum, découpez les quatre côtés du carré d'un seul trait bien net.

❸ L'emplacement de la bougie

Repérez le centre du carré en indiquant très légèrement les diagonales avec un pic à brochette. Marquez l'emplacement de la bougie avec la partie métallique de la bougie chauffe-plat. À l'aide du scalpel, découpez soigneusement ce cercle tranche par tranche. Continuez de creuser jusqu'à ce que vous obteniez un creux de la hauteur de la bougie. Placez uniquement la partie métallique de la bougie à l'intérieur du bougeoir et faites cuire (voir techniques générales p. 8).

JOUER AVEC LES COULEURS

Pour réaliser ce bougeoir, vous pouvez choisir des couleurs très contrastées ou, au contraire, préférer décliner un même ton.

MINUTIEUX

Cadre végétal

Une couronne de lierre pour encadrer vos plus belles photos de famille, de vacances ou pour mettre un miroir.

FOURNITURES

- Pâte à modeler à cuire verte et argent
- Cadre en bois carré de 16,5 cm de côté
- Papier-calque
- Carton fin
- Fil de fer fin argent
- Peinture acrylique blanche et argent
- Ruban adhésif papier
- Colle gel transparente

MATÉRIEL

- Crayon à papier
- Ciseaux
- Plaque de verre
- Rouleau
- Scalpel
- Pic à brochette
- Pince coupante
- Pinceau
- Chiffon

❶ Le gabarit

Décalquez le patron de la feuille de lierre. Reportez ce dessin sur le carton fin et découpez-le soigneusement avec des ciseaux.

❷ Les feuilles de lierre

Sur la plaque de verre, étalez avec un rouleau une bande de pâte à modeler verte de 3 mm d'épaisseur environ. Placez dessus le gabarit de la feuille de lierre. Découpez soigneusement la forme avec un scalpel. Réalisez douze feuilles de cette manière.
Avec un pic à brochette, dessinez les nervures des feuilles en les creusant légèrement. Inspirez-vous des nervures tracées sur le gabarit.

❸ Les baies

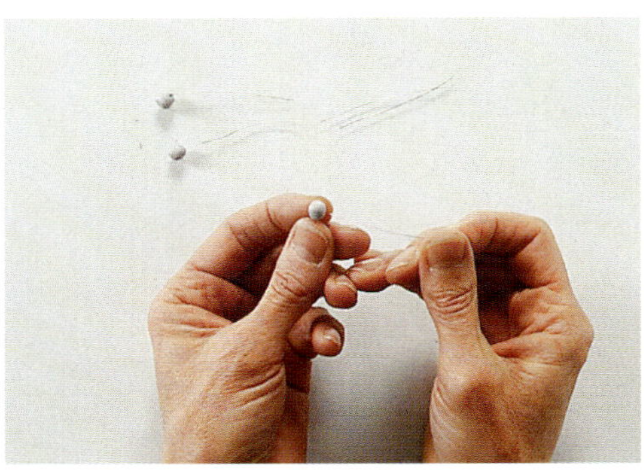

Coupez trois morceaux de fil de fer de 5 cm de long avec une pince coupante. Plantez, à une extrémité de chaque fil de fer, une toute petite boule de pâte à modeler argent. Réalisez ainsi douze petits bouquets de baies.
Faites cuire tous les éléments en pâte à modeler (voir techniques générales p. 8).

❹ La peinture des éléments

Peignez le cadre en blanc avec de la peinture très diluée. Laissez sécher puis passez une couche de peinture argent. Essuyez avec un chiffon lorsque la peinture est encore humide, puis laissez sécher.
Peignez les feuilles avec de la peinture blanche assez liquide de manière à ce qu'elle pénètre bien dans les nervures. Essuyez le surplus de peinture au chiffon avant qu'elle ne soit sèche.

❺ L'assemblage

Avec du ruban adhésif papier, fixez les fils de fer avec les boules sur l'envers de chaque feuille.
Enfin, collez les feuilles une à une sur le cadre avec la colle gel.
Évitez de les aligner de façon trop régulière, votre composition sera d'autant plus dynamique et vivante.

FACILE

Papillon porte-photo

Photos, messages... viennent s'accrocher sur les antennes de ces jolis papillons qui pourront aussi, tout simplement, venir décorer une table de fête.

FOURNITURES

- 3 petits pots en terre
- Pâte très légère blanche durcissant à l'air
- Papier-calque
- Carton fin
- Fil de fer argent moyen
- Peinture spéciale décor verte, rose, saumon et orange
- Colle gel transparente

MATÉRIEL

- Crayon à papier
- Ciseaux
- Plaque de verre
- Rouleau
- Scalpel
- Pince coupante
- Pince plate de bijoutier
- Papier de verre fin
- Pinceau moyen

1 La découpe des papillons

Décalquez le patron du papillon et reportez-le sur du carton fin. Découpez-le. Sur une plaque de verre, étalez avec un rouleau une plaque de pâte durcissant à l'air d'environ 3 mm d'épaisseur. Placez le gabarit sur la plaque de pâte et découpez soigneusement la forme avec un scalpel. Évidez les ocelles de deux papillons et laissez le troisième plein.

2 La réalisation des antennes

Avec une pince coupante, coupez, pour chaque papillon, un morceau de fil de fer de 25 cm et un autre de 15 cm. Formez des spirales à une extrémité de chaque fil de fer à l'aide de la pince plate. Enfilez les deux fils de fer dans l'épaisseur de chaque papillon de manière à former des antennes. La tige la plus longue servira à faire tenir le papillon dans le pot. Laissez bien sécher les papillons et poncez-les pour obtenir une surface bien lisse.

3 La préparation des pots

Remplissez les trois petits pots de pâte durcissant à l'air. Avec un morceau de fil de fer, faites un trou au centre pour pouvoir ensuite installer les papillons. Laissez sécher puis peignez les pots et la pâte qui se trouve à l'intérieur en vert.

4 La fixation

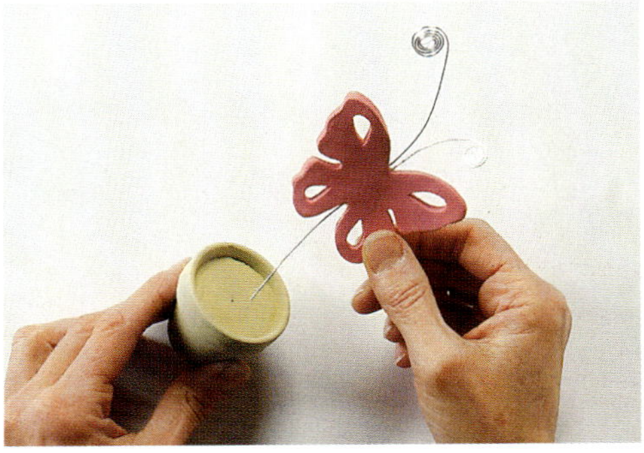

Peignez les trois papillons respectivement en rose, en saumon et en orange. Laissez bien sécher. Installez les papillons dans les petits pots. Plantez-les dans le trou. Vous pouvez ajouter un point de colle pour qu'ils tiennent mieux. De même, si les antennes bougent un peu, mettez un point de colle.

MINUTIEUX

Boîte à la rose

Une boîte élégante et raffinée pour ranger vos bijoux et vos trésors.

FOURNITURES

- Pâte à modeler à cuire blanche
- Petite boîte carrée en carton de 6 cm de côté
- Colle gel transparente
- Peinture acrylique blanche

MATÉRIEL

- Plaque de verre
- Rouleau
- Cutter
- Règle
- Pinceau

❶ Le cœur de la rose

Sur une plaque de verre, étalez avec un rouleau une couche de pâte à modeler très fine, d'environ 1 mm d'épaisseur. Découpez au cutter une bande de 5 x 2 cm.
Formez le cœur de la rose en enroulant cette bande deux fois sur elle-même.

❷ Les pétales

Pour les pétales, préparez huit petites boules de pâte à modeler. Aplatissez-les d'abord avec le doigt, en leur donnant une forme légèrement ovale. Collez-les tout autour du cœur en les faisant se chevaucher et en appuyant bien à la base de la fleur. Procédez de la même façon pour former les deux feuilles. Mettez-les de côté.

❸ La tige

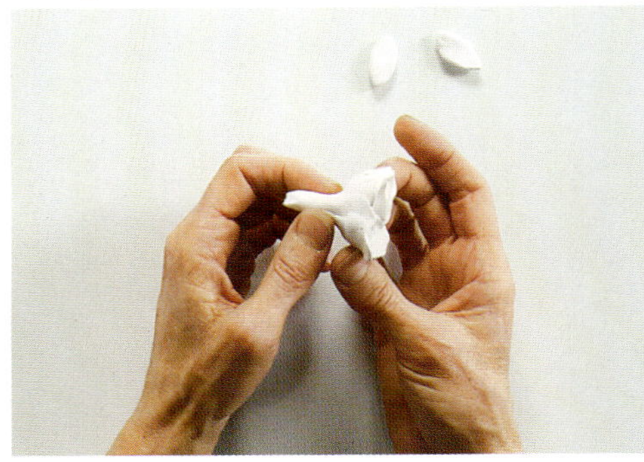

Tirez la pâte à la base de la fleur pour former la tige.
Fixez les feuilles de part et d'autre de la tige. Placez la fleur terminée sur une plaque de verre et faites-la cuire (voir techniques générales p. 8).

❹ L'assemblage

Collez la fleur sur le couvercle de la boîte avec de la colle gel transparente. Laissez bien sécher et peignez l'ensemble à la peinture acrylique blanche.

Variante

■ UNE ROSE EN COULEUR

Si vous préférez, vous pouvez également peindre la rose avec des tons clairs, comme sur la photographie ci-contre. ▶

FACILE

Collier à breloques

Un peu de fantaisie pour ce collier qui complétera à merveille vos tenues en toute occasion.

FOURNITURES

- Pâte à modeler à cuire rouge, rose, turquoise
- Fil de fer moyen
- Vernis
- Câble à bijoux argent
- Petites perles argent
- Breloques argentées
- Fermoir

MATÉRIEL

- Plaque de verre
- Pince de bijoutier plate et coupante
- Pinceau fin

CONSEIL

Pour donner un bel arrondi aux cercles, faites-les rouler plusieurs fois sur la tranche.

❶ Le modelage des breloques

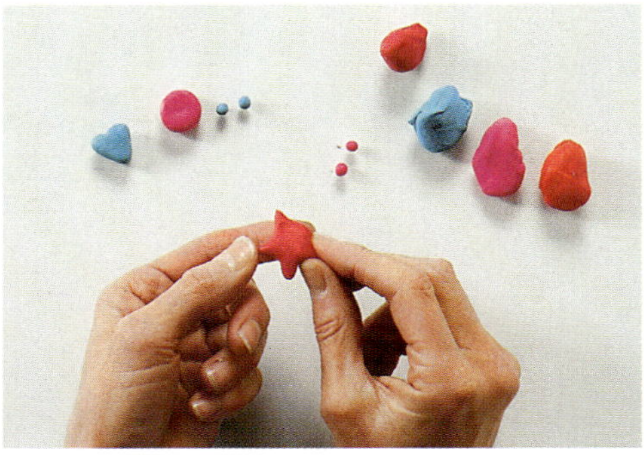

Préparez des petites boules de pâte à modeler rouge, rose et turquoise. Façonnez à partir de ces boules des cercles, des cœurs et des étoiles d'environ 3 mm d'épaisseur. Décorez le centre de l'étoile et du cercle d'une toute petite boule de pâte de couleur différente. Enfoncez-la délicatement au centre de la breloque.

❷ La réalisation des attaches

Avec la pince de bijoutier, coupez des morceaux de fil de fer de 2 cm pour réaliser les attaches des breloques. Pliez le fil de fer en deux à l'aide de la pince et enfoncez les deux extrémités dans l'épaisseur de la breloque.

❸ La cuisson et le vernis

Faites cuire toutes les breloques (voir techniques générales p. 8). Lorsque les breloques ont refroidi, appliquez avec un pinceau une couche de vernis. Laissez sécher.

❹ L'enfilage

Coupez deux morceaux de 50 cm de câble à bijoux argent. Procédez comme sur le schéma ci-dessous : enfilez deux perles argent sur les deux câbles réunis, puis une breloque en pâte à modeler sur un seul câble, puis à nouveau deux perles sur les deux câbles, puis une breloque argent sur un seul câble et ainsi de suite jusqu'à obtenir la longueur désirée pour le collier. Coupez l'excédent de câble et installez le fermoir.

TRÈS FACILE

Pense-bête aux cœurs

Pour accrocher vos photos préférées et tous vos petits papiers qui traînent, de façon aussi pratique que décorative.

FOURNITURES

- Planche de bois de 50 x 8,5 cm
- Pâte à modeler à cuire rose fluo
- Papier-calque
- Carton fin
- Peinture acrylique blanche
- 4 pinces à linge en bois
- Colle gel transparente
- Crochets

MATÉRIEL

- Crayon à papier
- Ciseaux
- Plaque de verre
- Rouleau
- Scalpel
- Petit pinceau brosse
- Chiffon

1 La découpe des cœurs

Décalquez le cœur et reportez-le sur du carton fin. Découpez-le. Sur une plaque de verre, étalez avec un rouleau une plaque de pâte à modeler à cuire rose d'environ 3 mm d'épaisseur. Placez le gabarit sur la pâte à modeler et découpez soigneusement la forme avec un scalpel. Réalisez cinq cœurs de cette manière. Faites-les cuire (voir techniques générales p. 8).

2 La patine

Pour créer un effet de patine, passez avec un petit pinceau brosse un peu de peinture acrylique blanche non diluée sur les cœurs. En vous aidant d'un chiffon, étalez-la de manière irrégulière sur toute la surface du cœur ainsi que sur la tranche. Faites de même sur la planche et sur les pinces à linge.

3 Le collage

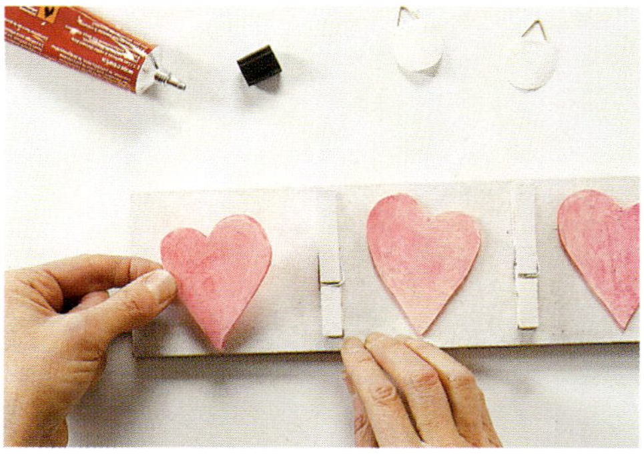

Avec la colle gel, collez les pinces à linge sur la planche à intervalles réguliers, tous les 10 cm. Collez ensuite les cœurs en pâte à modeler, entre les pinces à linge. Appuyez fortement pour qu'ils adhèrent bien.
Fixez, au dos de la planche, des crochets afin de pouvoir la suspendre.

MINUTIEUX

Boutons de tiroir

Personnalisez vos meubles avec ces amusants boutons de tiroir qui feront la joie des petits gourmands !

FOURNITURES

LE BONBON ANGLAIS ROND

- Pâte à modeler à cuire turquoise, rose, jaune, orange et noire
- Vis

LE BONBON ANGLAIS CARRÉ

- Pâte à modeler à cuire noire, vert fluo, jaune et rose fluo
- Vis

MATÉRIEL

- Plaque de verre
- Rouleau
- Cales de 2 mm d'épaisseur
- Règle
- Cutter
- Pic à brochette
- Ébauchoir

CONSEIL

La pâte à modeler noire est souvent un peu dure. N'hésitez pas, pour la rendre plus souple, à utiliser de la pâte ramollissante (voir techniques générales p. 8).

LE BONBON ANGLAIS ROND

❶ La réalisation du bonbon

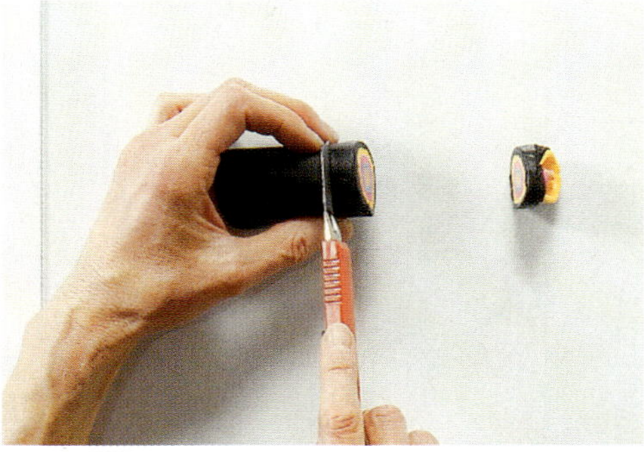

Sur une plaque de verre, étalez avec un rouleau des plaques de pâte turquoise, rose, jaune et noire d'environ 2 mm d'épaisseur. Roulez un colombin orange de 5 mm de diamètre. Enroulez une plaque turquoise autour de ce colombin. Coupez les raccords bord à bord. Enveloppez ce nouveau colombin de la même manière dans une plaque rose puis dans une plaque jaune et terminez par une plaque noire. Lissez bien les raccords. Avec un cutter, coupez l'entame du colombin puis découpez des tranches d'environ 5 mm de large.

❷ La pose de la vis

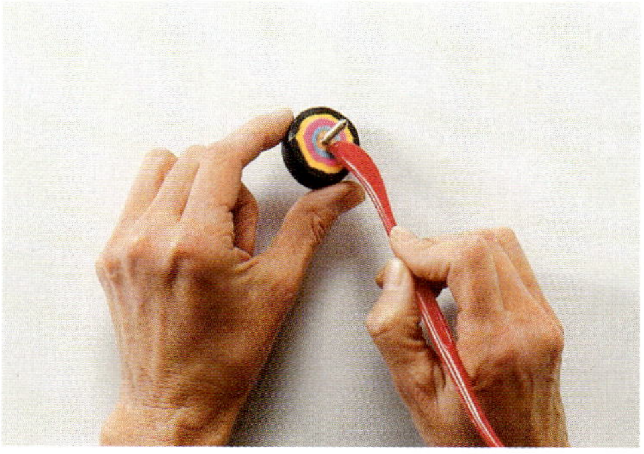

Avec un pic à brochette, creusez un trou sur une des faces du bonbon, au centre. Enfoncez dans le trou la vis qui servira à fixer le bouton au tiroir. Refermez en lissant bien autour de la vis avec un ébauchoir. Faites cuire (voir techniques générales p. 8).

LE BONBON ANGLAIS CARRÉ

❶ La préparation des plaques

Sur une plaque de verre, étalez avec un rouleau des plaques de pâte noire, vert fluo, jaune et rose fluo d'environ 2 mm d'épaisseur. Superposez-les en alternant les couleurs. Commencez et finissez par une plaque noire.

❷ La coupe

Avec une règle et un cutter, découpez soigneusement le parallélépipède à la taille voulue. Mettez la vis en place (voir étape n° 2 du bonbon anglais rond ci-dessus). Faites cuire (voir techniques générales p. 8).

Boutons de tiroir

FOURNITURES

■ LE ROULEAU DE RÉGLISSE

- Pâte à modeler à cuire turquoise, noire
- Pâte ramollissante
- Vis

■ LE BONBON ROUGE ET JAUNE

- Pâte à modeler à cuire rouge et jaune
- Vis

■ LE ROULEAU DE RÉGLISSE

❶ Le ramollissement

Commencez par mélanger une boule de pâte noire avec de la pâte ramollissante (voir techniques générales p. 8). Votre pâte sera ensuite plus souple et facile à modeler.

❷ La réalisation du ruban

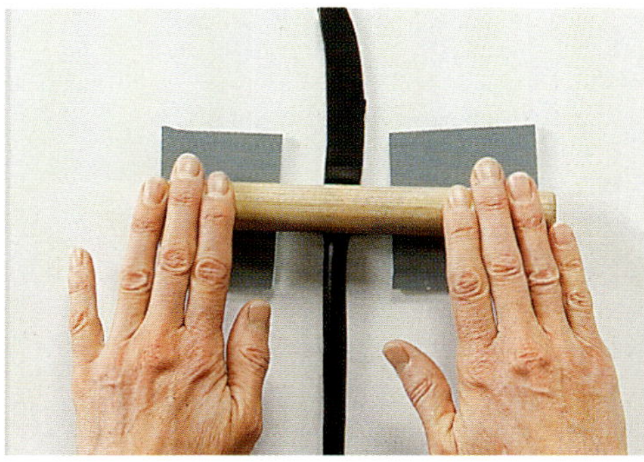

Préparez un colombin de pâte noire. Placez deux petites cales de 2 mm environ de chaque côté du colombin et aplatissez-le avec un rouleau de manière à obtenir une bande d'environ 2 mm d'épaisseur. À l'aide d'une règle, coupez au cutter une bande de 5 mm de large. Coupez bien net une des extrémités.

❸ La mise en forme

Préparez une petite boule de pâte turquoise. Enroulez le ruban noir autour de la boule jusqu'à obtenir le diamètre désiré. Coupez proprement l'extrémité du ruban et détachez-la légèrement du reste du rouleau. Mettez la vis en place (voir étape n° 2 du bonbon anglais rond p. 28). Faites cuire (voir techniques générales p. 8).

■ LE BONBON ROUGE ET JAUNE

❶ La réalisation du bonbon

Roulez une boule rouge dans la paume de votre main. Préparez de petites boules de pâte à modeler jaune. Répartissez-les sur l'ensemble de la boule rouge et roulez le tout dans la paume de la main pour les faire pénétrer. Aplatissez légèrement le bonbon.

❷ La préparation de la papillote

Avec un rouleau, étalez deux plaques de pâte rouge et deux plaques de pâte jaune d'environ 2 mm d'épaisseur. Superposez-les en alternant les couleurs. Coupez deux tranches et recoupez-les en pointe.

❸ La mise en place de la papillote

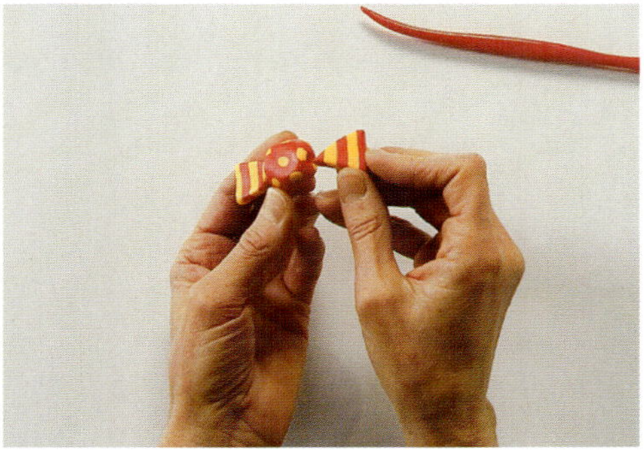

Avec un pic à brochette, faites un trou de chaque côté du bonbon et enfoncez-y les pointes des papillotes. Mettez la vis en place (voir étape n° 2 du bonbon anglais rond p. 28). Faites cuire (voir techniques générales p. 8).

■ LE CARAMBAR

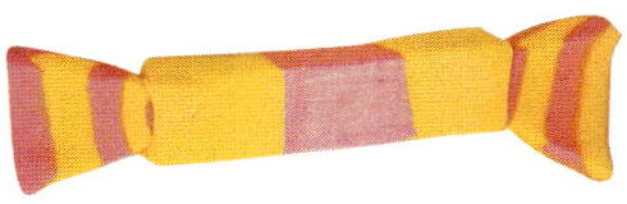

❶ Le modelage

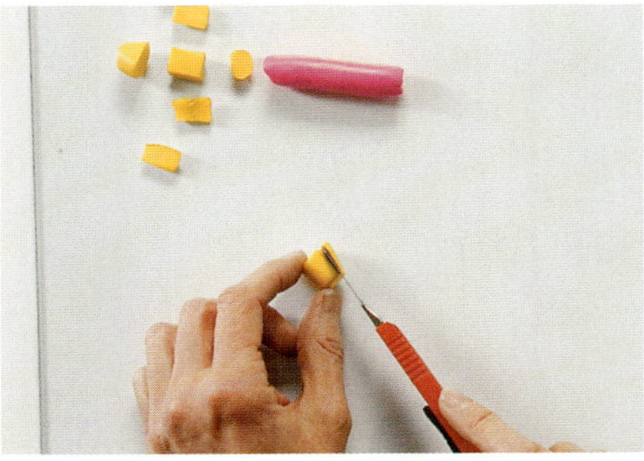

Modelez un parallélépipède de pâte rose et deux de pâte jaune. Commencez par rouler un colombin de la couleur désirée. Puis avec un cutter, coupez-le de manière à obtenir un parallélépipède.

❷ L'assemblage du bonbon

Placez le parallélépipède rose entre les deux jaunes et collez-les entre eux en appuyant. Lissez avec le doigt. Mettez bien le parallélépipède en forme en le tapotant légèrement sur la plaque de verre.

❸ Les papillotes

Formez les papillotes de la même façon que pour le bonbon rouge et jaune en superposant des plaques roses et jaunes. Collez-les aux extrémités du carambar. Mettez la vis en place (voir étape n° 2 du bonbon anglais rond p. 28). Faites cuire (voir techniques générales p. 8).

■ LE SUCRE D'ORGE

❶ La réalisation

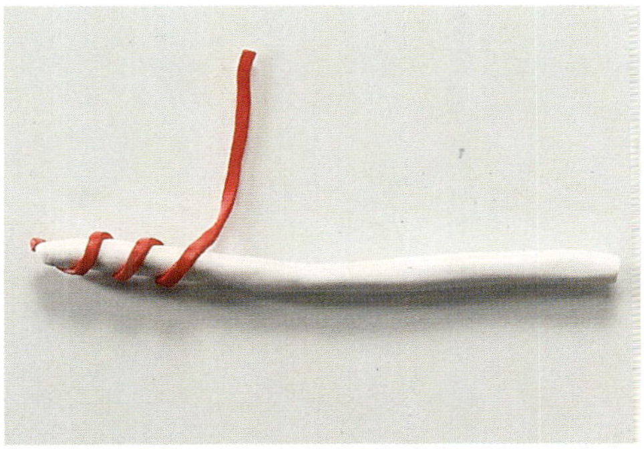

Préparez un colombin de pâte blanche d'environ 1 cm de diamètre et un colombin rouge très fin. Torsadez le colombin rouge autour du colombin blanc. Roulez l'ensemble pour que le colombin rouge pénètre bien dans la pâte blanche.

❷ Les finitions

Coupez avec un cutter les deux extrémités. Recourbez un côté pour donner la forme d'une canne. Mettez la vis en place (voir étape n° 2 du bonbon anglais rond p. 28). Faites cuire (voir techniques générales p. 8).

FOURNITURES

LE CARAMBAR ■

- Pâte à modeler à cuire rose et jaune
- Vis

LE SUCRE D'ORGE ■

- Pâte à modeler à cuire rouge et blanche
- Vis

●●● MINUTIEUX

Photophores ajourés

Beaucoup de luminosité pour ces photophores jaunes que vous pourrez utiliser aussi bien dans votre maison que dans un jardin.

FOURNITURES

- Pâte à modeler à cuire jaune
- Papier sulfurisé
- Colle gel transparente

MATÉRIEL

- Plaque de verre
- Rouleau
- Verre droit de 8 cm de haut et de 7 cm de diamètre
- Cutter
- Règle
- Scalpel
- Ciseaux
- Ébauchoir
- Papier de verre fin

❶ La découpe de la plaque

Sur une plaque de verre, étalez avec le rouleau une plaque de pâte jaune d'environ 2 mm d'épaisseur et correspondant à peu près à la circonférence du verre. Avec un cutter, découpez un rectangle de 8 cm de large.

❷ La mise en forme

Roulez la plaque de pâte à modeler autour du verre et, avec le cutter, coupez soigneusement le raccord bord à bord.

❸ La découpe des motifs

Remettez la pâte à plat sur la plaque de verre. Indiquez l'emplacement des motifs, tous les 2 cm. Découpez les motifs au scalpel. Évitez de mettre les doigts sur la plaque de pâte à modeler pour ne pas faire de marques.

❹ La mise en place

Découpez un rectangle de papier sulfurisé un peu plus grand que le verre. Entourez le verre de ce rectangle de papier. Serrez-le bien et mettez un point de colle pour le fixer. Placez l'excédent de papier dans le verre. Ne le coupez pas, il vous servira au moment du démoulage. Placez la plaque de pâte à modeler sur le papier sulfurisé et ajustez le raccord en lissant bien. Aidez-vous d'un ébauchoir.

❺ Les finitions

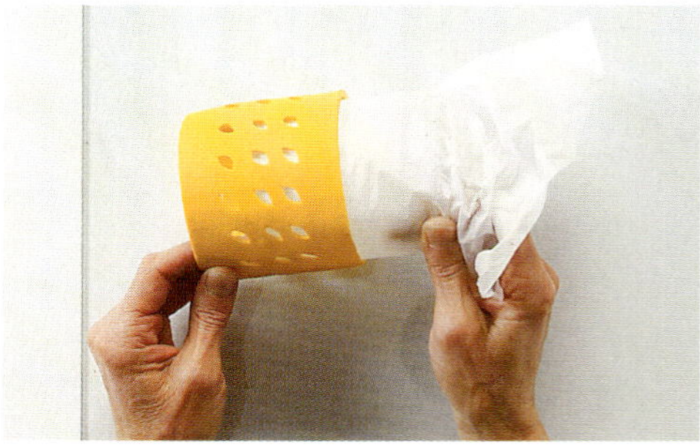

Faites cuire (voir techniques générales p. 8) le photophore sur le verre. Laissez refroidir 5 minutes avant de démouler le photophore en tirant sur le papier se trouvant à l'intérieur du verre. Poncez délicatement les bords supérieur et inférieur du photophore ainsi que le raccord.

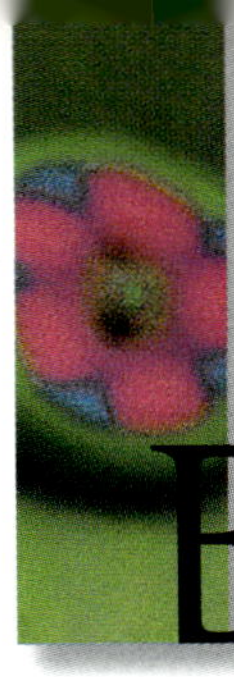

MINUTIEUX

Boutons millefiori

De jolis boutons, originaux, qui pourront être cousus sur des coussins ou des vêtements d'enfants.

FOURNITURES

- Pâte à modeler à cuire rouge, jaune, bleue, rose, vert foncé
- Papier-calque
- Carton fin

MATÉRIEL

- Rouleau
- Plaque de verre
- Cutter
- Pic à brochette
- Crayon à papier
- Ciseaux
- Scalpel

CONSEIL

Selon le même principe, vous pouvez assembler autour de la spirale centrale cinq autres spirales identiques à la première. Enveloppez l'ensemble d'une plaque rose. Vous pouvez aussi, tout simplement, réaliser un bouton à partir de la seule spirale centrale.

1 La spirale centrale

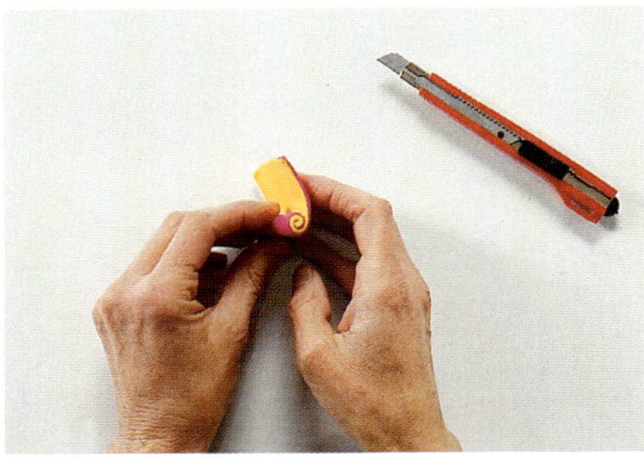

Sur une plaque de verre, étalez avec un rouleau une plaque de pâte à modeler rouge d'environ 2 mm d'épaisseur. Préparez une deuxième plaque identique avec de la pâte à modeler jaune. Superposez les deux plaques et enroulez-les ensemble pour obtenir la spirale centrale.

2 Les pétales

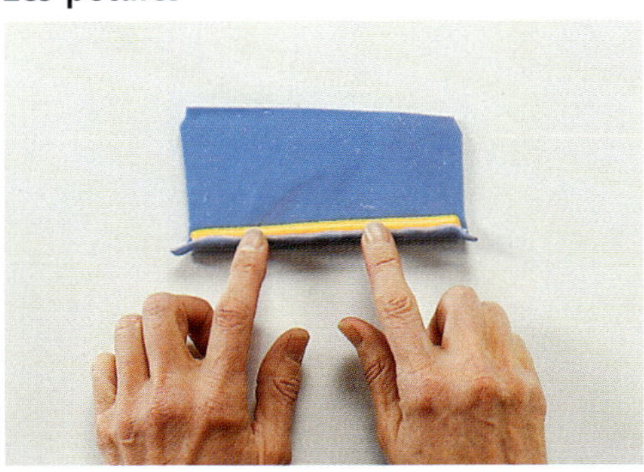

Formez un colombin jaune, bien régulier, d'environ 1 cm de diamètre et 10 cm de long. Préparez une plaque de pâte à modeler bleue de 2 mm d'épaisseur. Enveloppez le colombin jaune dans cette plaque. Roulez ce nouveau colombin jusqu'à ce qu'il atteigne environ 20 cm de long. Veillez à ce qu'il soit bien régulier.

3 Les triangles

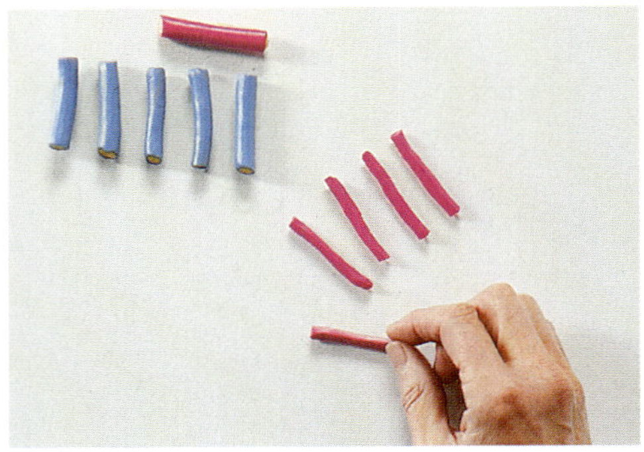

Réalisez les triangles qui séparent les pétales. Formez un colombin rose de 1 cm de diamètre et de 20 cm de long. Pincez-le légèrement pour lui donner une forme triangulaire. Avec un cutter, coupez le colombin jaune et bleu destiné aux pétales en cinq morceaux d'environ 4 cm de long. Coupez également en cinq le colombin rose.

4 L'assemblage de la fleur

Placez les pétales jaune et bleu autour de la spirale centrale (rouge et jaune). Intercalez un triangle rose entre chaque pétale.

Boutons millefiori

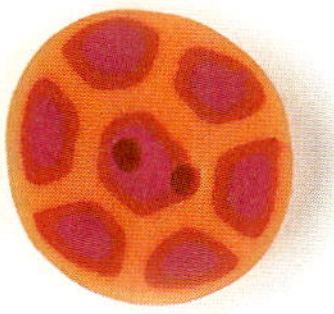

CONSEIL

Si vous souhaitez que les boutons soient d'un diamètre un peu plus grand, appuyez légèrement dessus.

❺ L'enveloppe

Préparez une plaque vert foncé de 2 mm d'épaisseur. Enveloppez la fleur dans cette plaque. Roulez le colombin obtenu jusqu'à ce que son diamètre atteigne environ 2 cm et qu'il mesure 10 à 12 cm de long.

❻ La coupe

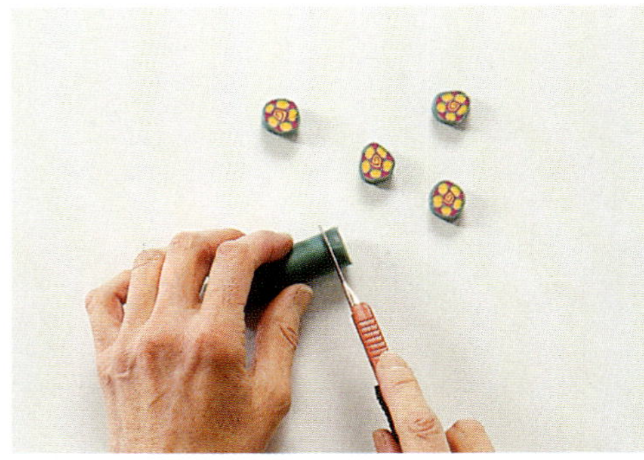

Avec un cutter, coupez ce colombin en tranches de 3 mm d'épaisseur. Percez deux trous au centre de chaque tranche avec un pic à brochette. Faites cuire (voir techniques générales p. 8).

Variante

■ LES ŒUFS MILLEFIORI

❶ L'assemblage du motif

Procédez comme pour les boutons (voir p. 34). Arrêtez-vous à la fin de l'étape n° 5. Dans le colombin obtenu, coupez dix tranches de 3 mm d'épaisseur. Assemblez-les les unes à côté des autres sur la plaque de verre.

❷ La mise en forme

Avec un rouleau, aplatissez légèrement l'ensemble. Retournez la plaque, puis aplatissez l'autre côté.

❸ La découpe du motif

Décalquez le motif de l'œuf et reportez-le sur du carton fin. Découpez-le. Posez le gabarit sur le millefiori et découpez la forme avec un scalpel. Avant la cuisson, faites un trou à 1 cm du bord supérieur de l'œuf avec un pic à brochette. Faites cuire (voir techniques générales p. 8).

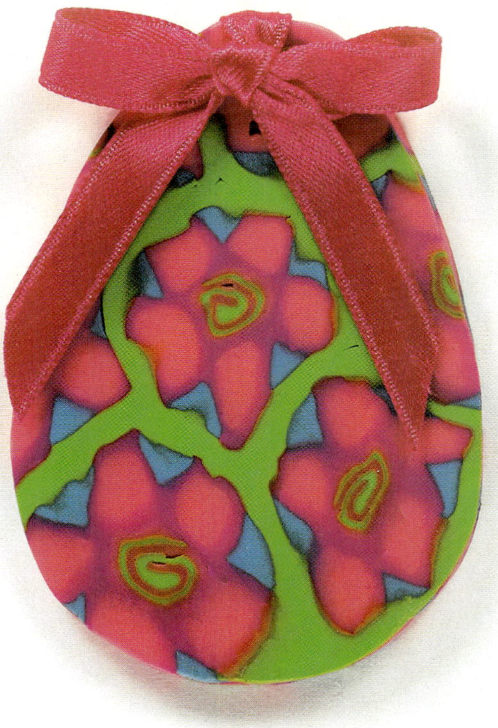

Le jeu des couleurs

Réalisez d'autres œufs de la même façon,
mais en modifiant les couleurs de départ :
pour l'œuf en bas à gauche, prenez de la pâte à modeler à cuire
verte, rouge, rose, fuchsia, bleue, vert clair ;
pour celui de droite, prenez de la pâte à modeler à cuire
turquoise, rose, jaune, bleue, verte.

FACILE

Décors de Noël

Rouge, blanc et or pour ces jolis décors de Noël à suspendre un peu partout dans la maison et, bien sûr, dans le sapin !

FOURNITURES

- Pâte à modeler à cuire rouge et blanche
- Papier-calque
- Carton fin
- Fil de fer fin
- Peinture spéciale décor or
- Fil or
- Colle à bijoux

MATÉRIEL

- Crayon à papier
- Ciseaux
- Plaque de verre
- Rouleau
- Scalpel
- Pic à brochette
- Pince coupante
- Pinceau

❶ La découpe

Décalquez les motifs de sapin, d'étoile et de cœur et reportez-les sur du carton fin. Découpez-les. Sur une plaque de verre, étalez avec un rouleau la pâte à modeler rouge et la pâte à modeler blanche. Préparez des plaques d'environ 3 mm d'épaisseur. Placez les gabarits sur ces plaques et découpez soigneusement les formes avec un scalpel. Réalisez les sapins dans la pâte à modeler rouge, les étoiles et les cœurs dans la pâte à modeler blanche. Avec la partie ronde d'un pic à brochette, faites un petit trou en haut des formes afin de pouvoir les suspendre ensuite.

❷ La réalisation des petites boules

Pour chaque motif, préparez dix petites boules de pâte à modeler. Pour le sapin et l'étoile, utilisez de la pâte à modeler blanche, pour le cœur, de la pâte à modeler rouge. Avec une pince coupante, coupez cinq morceaux de fil de fer de 5 cm pour chaque motif. Assemblez les fils en les torsadant par le milieu. Piquez une petite boule de pâte à chaque extrémité. Faites cuire (voir techniques générales p. 8) les motifs et les fils de fer avec les petites boules.

❸ La fixation des éléments

Peignez l'étoile avec la peinture or ainsi que les petites boules destinées au sapin. Puis pour chaque motif, enfilez dans un trou un morceau de fil or qui servira à suspendre le motif. Insérez les fils de fer dans le trou à l'endroit où ils sont réunis. Fixez par un point de colle à l'intérieur du trou.

FACILE

Anges à suspendre

Chut... Un ange passe ! Laissez voleter ces charmants angelots dans votre maison, sur les miroirs ou les fenêtres.

FOURNITURES

- Pâte à modeler à cuire blanche
- Papier-calque
- Carton fin
- Petites plumes blanches
- Colle gel transparente
- Fil de fer argent fin
- Ruban transparent fin
- Fil blanc

MATÉRIEL

- Crayon à papier
- Ciseaux
- Plaque de verre
- Rouleau
- Scalpel
- Pièce de 10 centimes d'euro
- Pic à brochette
- Papier de verre fin

1 La découpe de l'ange

Décalquez le patron de l'ange et reportez-le sur du carton fin. Découpez-le. Sur une plaque de verre, étalez avec un rouleau une plaque de pâte à modeler à cuire d'environ 2 mm d'épaisseur. Placez le gabarit sur la plaque de pâte à modeler et découpez soigneusement la forme avec un scalpel.

2 La réalisation des auréoles et du décor

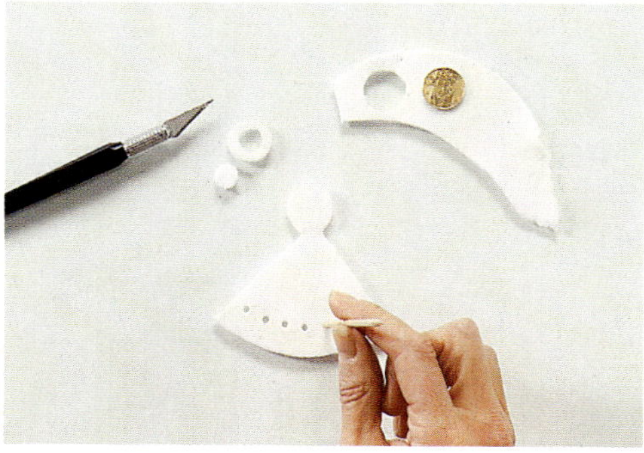

Utilisez une pièce de 10 centimes d'euro comme gabarit pour découper les auréoles. Placez la pièce sur la pâte à modeler et découpez soigneusement tout autour avec un scalpel. Évidez le centre de l'auréole.

Avec la partie ronde d'un pic à brochette, réalisez les petits trous indiqués sur le gabarit. Arrondissez et lissez les trous avec la partie pointue du pic. Faites un petit trou en haut de la tête pour fixer l'auréole. Faites cuire (voir techniques générales p. 8). Poncez délicatement.

3 L'assemblage

Collez quatre plumes au dos de chaque ange pour les ailes. Entourez l'auréole de fil de fer argent et fixez-la dans le trou de la tête. Placez-la horizontalement. Décorez le cou de chaque ange avec un ruban transparent. Suspendez les anges avec du fil blanc.

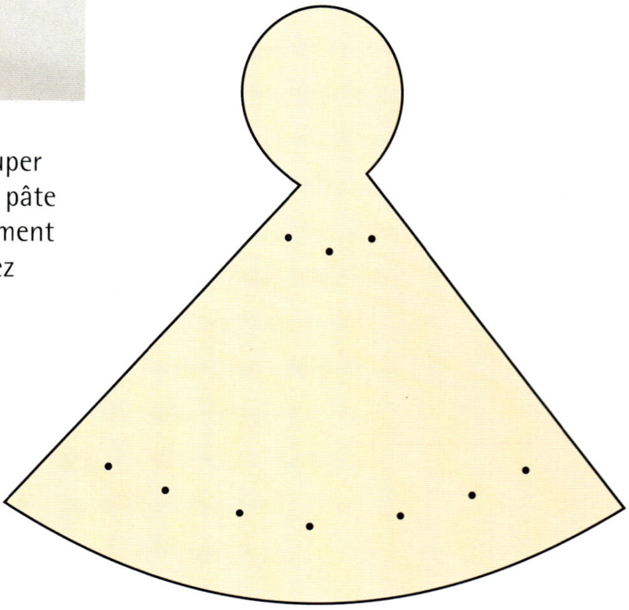

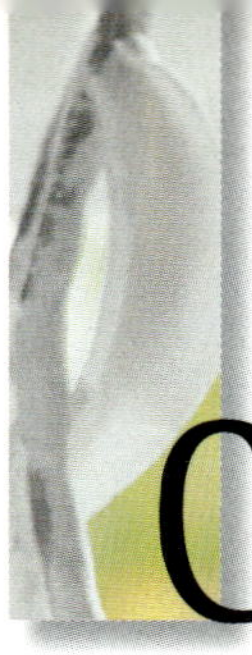

FACILE

Couronne de feuilles

Une couronne élégante et sobre à suspendre à une fenêtre ou sur votre porte d'entrée.

FOURNITURES

- Pâte blanche très légère durcissant à l'air
- 70 cm de fil d'aluminium de 3 mm de diamètre
- Papier-calque
- Carton fin
- Peinture spéciale décor argent
- Ruban transparent

MATÉRIEL

- Plaque de verre
- Rouleau
- Cutter
- Crayon à papier
- Ciseaux
- Scalpel
- Ébauchoir
- Pinceau moyen

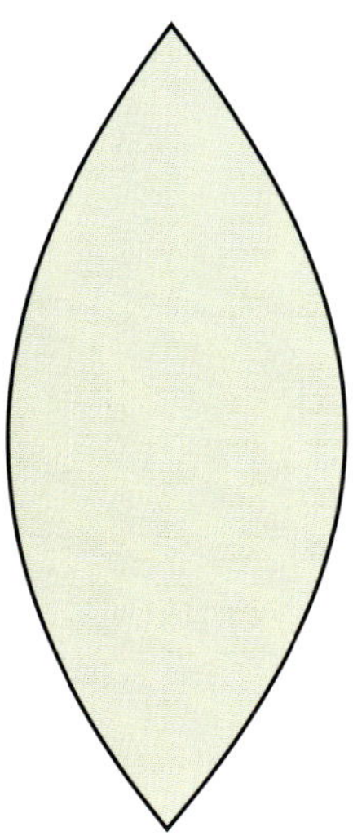

1 Le gainage

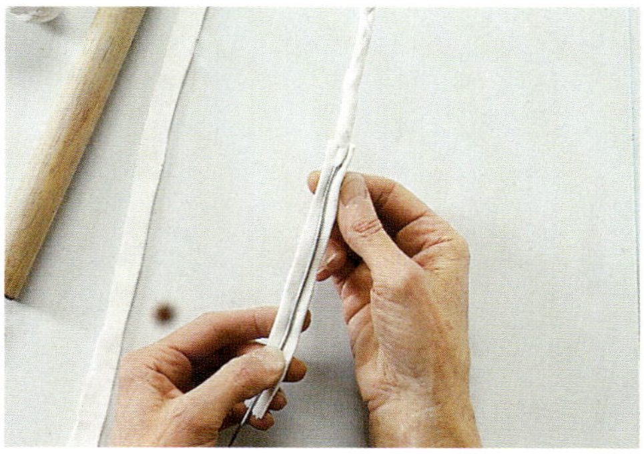

Faites un fin colombin d'environ 15 cm de long avec de la pâte durcissant à l'air. Aplatissez-le avec le rouleau. Coupez avec un cutter une bande de pâte et gainez-en le fil d'aluminium. Appuyez bien avec la main pour enlever l'excédent de pâte. Recouvrez ainsi le fil d'aluminium sur toute sa longueur. Pour faire les raccords, mouillez la pâte avec un peu d'eau et lissez légèrement avec le bout du doigt. Ne cherchez pas la perfection, mais plutôt à donner l'effet d'une branche.

2 La réalisation du fermoir

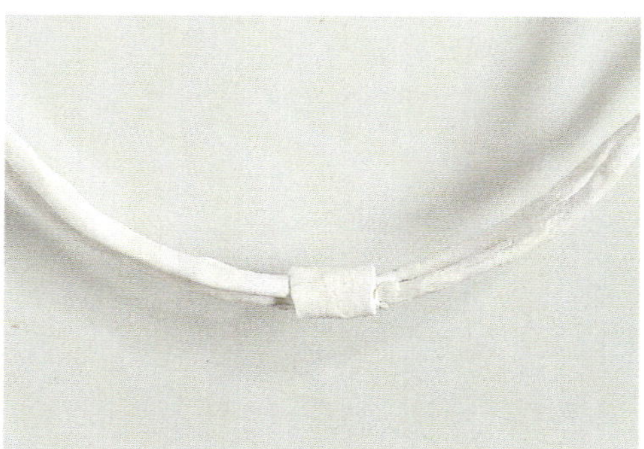

Lorsque le fil d'aluminium est entièrement gainé, arrondissez-le soigneusement de manière à obtenir deux cercles. Fermez les deux cercles au sommet par une petite plaque de pâte de 2 cm de côté environ. Enroulez-la autour du raccord et collez-la avec un peu d'eau.

3 La découpe des feuilles

Décalquez le patron de la feuille et reportez-le sur du carton fin. Découpez-le. Avec un rouleau, étalez une plaque de pâte durcissant à l'air d'environ 2 mm d'épaisseur. Placez le gabarit sur la plaque de pâte et découpez la forme avec un scalpel. Réalisez ainsi autant de feuilles que nécessaire. Pliez légèrement les feuilles au niveau de la nervure centrale.

4 La pose des feuilles

Pincez un peu l'extrémité des feuilles puis mettez-les en place sur la couronne en appuyant doucement et en lissant avec un doigt humide. Aidez-vous d'un ébauchoir. Laissez bien sécher.

5 La peinture

Avec la peinture argent, peignez la partie gauche ou la partie droite de certaines feuilles et donnez des coups de pinceaux çà et là sur la couronne. Décorez avec un ruban transparent.

MINUTIEUX

Colliers millefiori

Des couleurs qui se mélangent délicatement les unes aux autres comme par magie pour ces colliers d'inspiration ethnique.

FOURNITURES

■ LE COLLIER DE PERLES MAUVES

- Pâte à modeler à cuire mauve, bleue, rose, orange
- Cordon de coton jaune

MATÉRIEL

- Plaque de verre
- Rouleau
- Cutter
- Règle
- Pic à brochette

■ LE COLLIER DE PERLES MAUVES

❶ Préparation de la pâte à modeler

Sur une plaque de verre, étalez avec un rouleau des plaques de pâte à modeler bleue, rose et orange d'environ 2 mm d'épaisseur. Avec la pâte mauve, faites un colombin de 1 cm de diamètre. Enveloppez ce colombin dans la plaque de pâte à modeler bleue. Lissez bien le raccord.

❷ La mise en place des plaques

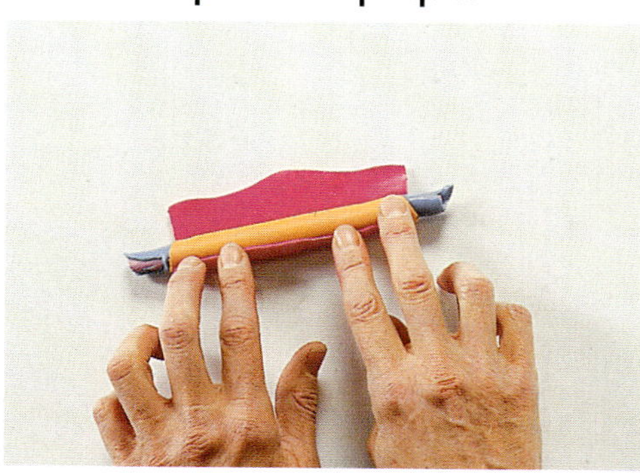

Enveloppez le colombin bleu ainsi obtenu avec la plaque de pâte à modeler orange. Terminez par la plaque de pâte à modeler rose. Roulez ce colombin pour l'allonger et, avec un cutter, coupez-le en six morceaux.

❸ La réalisation du motif

Prenez un des morceaux et placez, tout autour, les cinq autres morceaux, pour former une fleur. Roulez cette fleur pour obtenir un colombin bien lisse et pour l'allonger.

❹ La réalisation des perles

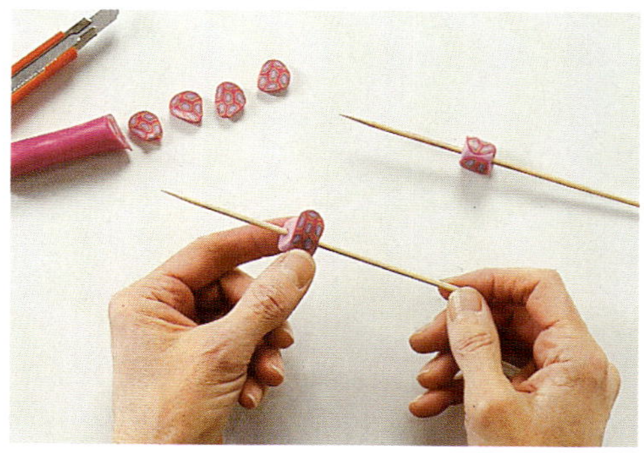

Roulez un colombin rose et mauve et coupez-le en morceaux. Préparez ainsi autant de perles que nécessaire. Découpez le colombin obtenu à l'étape n° 3 en fines rondelles. Placez trois rondelles sur chaque perle. Enfilez les perles sur un pic à brochette et roulez-les sur la plaque de verre pour bien faire pénétrer le motif. Faites-les cuire sur les pics (voir techniques générales p. 8).

❺ L'enfilage

Lorsque les perles sont cuites, laissez-les refroidir. Enlevez-les du pic et enfilez-les sur un cordon de coton jaune. Fermez avec un nœud.

Colliers millefiori

FOURNITURES

■ LE COLLIER DE PERLES ROSE ET ROUGE

- Pâte à modeler à cuire rouge, rose et bleue
- Cordon de coton rouge

■ LE COLLIER DE PERLES RONDES

- Pâte à modeler à cuire bleue, orange, rouge et rose
- Cordon de coton jaune

■ LE COLLIER DE PERLES ROSE ET ROUGE

Procédez de la même façon pour les perles rose et rouge. Partez d'un colombin rouge. Enveloppez-le d'une plaque bleue puis d'une plaque rose et terminez par une plaque rouge. Les fines rondelles du motif seront collées sur des perles rouge et rose. Enfilez les perles sur un cordon de coton rouge en faisant un nœud entre chaque perle.

■ LE COLLIER DE PERLES RONDES

Les perles rondes sont fabriquées selon le même principe que les précédentes. Pour le motif décoratif, partez d'un colombin bleu, enveloppez-le d'une plaque orange et d'une plaque rose. Collez les fines rondelles du motif sur des perles rondes rouge et rose. Enfilez les perles sur un cordon de coton jaune en faisant un nœud entre chaque perle.

VARIANTE

FOURNITURES

■ LE COLLIER DE PERLES ROUGE ET BLANC

- Pâte à modeler à cuire rouge et blanche
- Cordon de coton rouge

■ LE COLLIER DE PERLES ROUGE ET BLANC

❶ La superposition des plaques

Sur une plaque de verre, étalez avec un rouleau une plaque de pâte à modeler rouge de 2 mm d'épaisseur et une autre de pâte à modeler blanche. Superposez ces deux plaques. Coupez en deux avec un cutter et superposez à nouveau en alternant les couleurs. Égalisez le bloc de pâte.

❷ La réalisation de la plaque rayée

Avec un cutter et une règle, coupez bien nettement dans le bloc des tranches rayées de 2 mm d'épaisseur environ.
Assemblez les tranches pour obtenir une plaque rayée rouge et blanc. Aplatissez légèrement au rouleau pour égaliser.

❸ La mise en place de la plaque

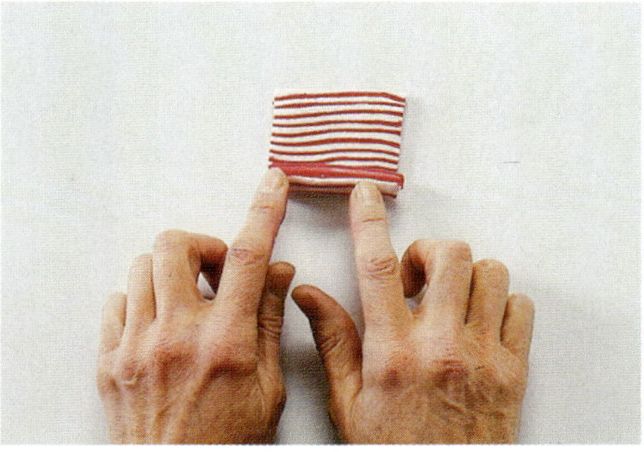

Préparez un colombin de pâte rouge d'environ 1 cm de diamètre. Enveloppez-le dans la plaque de pâte à modeler rayée. Roulez le colombin ainsi obtenu pour l'allonger.

❹ La réalisation des perles

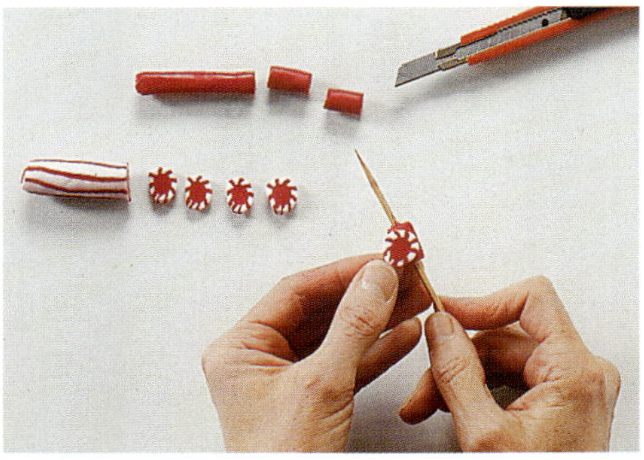

Roulez un colombin de pâte à modeler rouge d'environ 1 cm de diamètre. Coupez-le en tronçons qui serviront de perles. Préparez également de fines rondelles rouges que vous placerez entre chaque perle rouge et blanche. Dans le colombin rayé, coupez de fines tranches et décorez-en les perles rouges en collant trois motifs sur chaque perle rouge.

❺ Les finitions

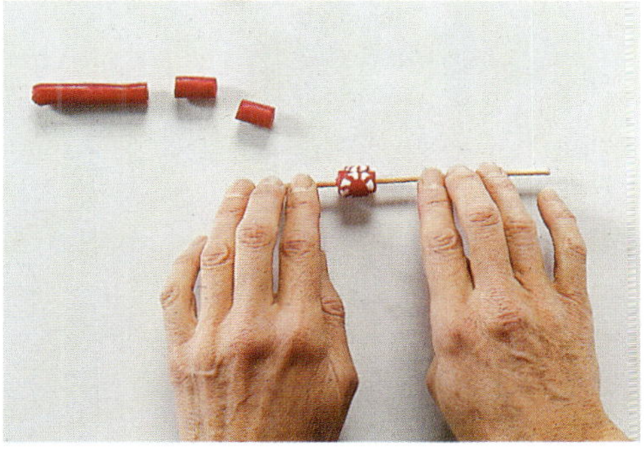

Enfilez les perles sur un pic à brochette et roulez-les sur la plaque de verre pour bien les lisser et faire pénétrer le motif dans la perle. Faites cuire toutes les perles (voir techniques générales p. 8) en les laissant sur le pic.

❻ L'enfilage

Lorsque les perles sont cuites, laissez-les refroidir. Enlevez-les du pic et enfilez-les sur un lacet de coton rouge. Alternez une rondelle rouge et une perle rouge et blanche. Faites un nœud entre chaque élément. Fermez avec un nœud.

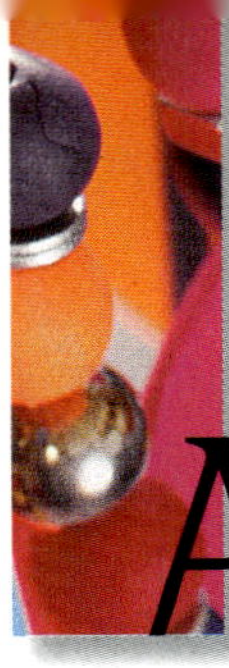

FACILE

Abat-jour mexicain

Cet abat-jour aux couleurs éclatantes s'inspire des couleurs et des formes de l'artisanat d'Amérique du Sud.

FOURNITURES

- Carcasse d'abat-jour
- Pâte à modeler à cuire de toutes les couleurs
- Carton fin
- Fil de fer émaillé fin rouge
- Peinture acrylique turquoise
- Perles rondes métalliques
- Petits boulons et rondelles en métal

MATÉRIEL

- Plaque de verre
- Rouleau
- Crayon à papier
- Ciseaux
- Règle
- Scalpel
- Pic à brochette
- Épingle
- Papier de verre fin
- Pinceau
- Pince coupante

1 La réalisation des disques et des perles

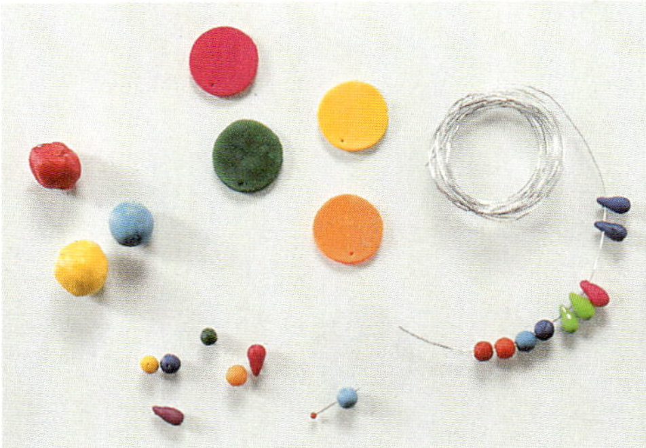

Sur une plaque de verre, étalez avec un rouleau de fines plaques de pâte de différentes couleurs. Préparez un disque de carton fin de 3 cm de diamètre qui vous servira de gabarit. Posez-le sur une plaque de pâte et découpez la forme au scalpel. Faites un trou près du bord du disque avec un pic à brochette. Réalisez autant de disques que nécessaire, selon la taille de votre abat-jour. Préparez avec de la pâte de différentes couleurs des petites perles rondes. Préparez également des perles en forme de goutte. Percez-les avec une épingle. Enfilez toutes vos perles sur un fil de fer. Faites-les cuire ainsi que les disques (voir techniques générales p. 8).

2 La préparation de la carcasse

Frottez la carcasse de l'abat-jour au papier de verre puis peignez-la en turquoise.

3 La partie supérieure

Prenez 25 cm de fil de fer émaillé rouge et enfilez un disque que vous fixez à une extrémité par une boucle de fil.

Enfilez une perle de pâte, une perle en métal, un boulon ou une rondelle, puis une autre perle. Continuez ainsi jusqu'à obtenir une breloque de la longueur souhaitée. Enroulez l'autre extrémité du fil de fer autour de la partie supérieure de l'abat-jour. De la même façon, faites une deuxième breloque plus courte que la première. Fixez-la en haut de la carcasse. Faites ainsi le tour de la carcasse.

4 La partie inférieure

Pour fixer les gouttes à la partie inférieure de la carcasse, enroulez le fil de fer autour de la base de la carcasse puis enfilez une goutte. Enroulez à nouveau le fil de fer et enfilez une autre goutte. Faites ainsi le tour de la base de la carcasse. Alternez des gouttes de couleurs différentes.

FACILE

Boîte orientale

Créez une ambiance orientale en plaçant une bougie agréablement parfumée dans cette jolie boîte.

FOURNITURES

- Boîte ronde en métal ou en bois
- Pâte à modeler à cuire rose, mauve, rouge
- Cabochons rouges, roses, turquoise, violets

MATÉRIEL

- Plaque de verre
- Rouleau
- Cutter
- Ébauchoir
- Règle

1 Le gainage du couvercle

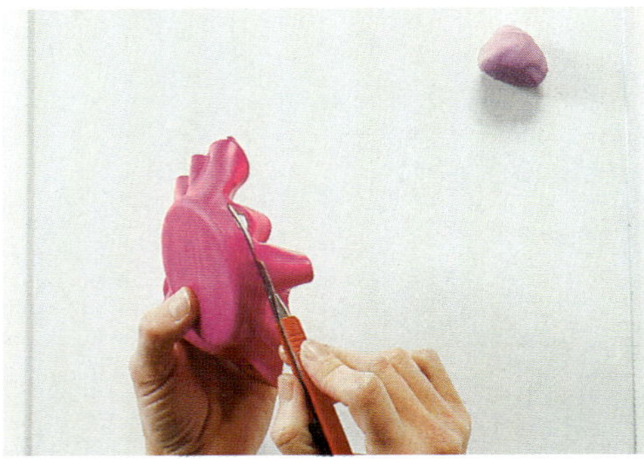

Sur une plaque de verre, étalez avec un rouleau une plaque de pâte à modeler à cuire rose d'environ 2 mm d'épaisseur. Posez-la sur le couvercle et gainez-le en appuyant légèrement. Coupez l'excédent autour du couvercle avec le cutter. Lissez avec le doigt ou avec un ébauchoir. Veillez à bien chasser les bulles d'air.

2 Le gainage de la base

Étalez une plaque de pâte mauve d'environ 2 mm d'épaisseur. Mesurez la hauteur de la partie inférieure de la boîte et, à l'aide de la règle et du cutter, coupez une bande de cette largeur. Collez-la autour de la boîte et faites le raccord au dos en coupant les deux bords bien nettement et en les faisant se chevaucher légèrement. Lissez avec le doigt. Au besoin, aidez-vous d'un ébauchoir.

3 La mise en place des colombins

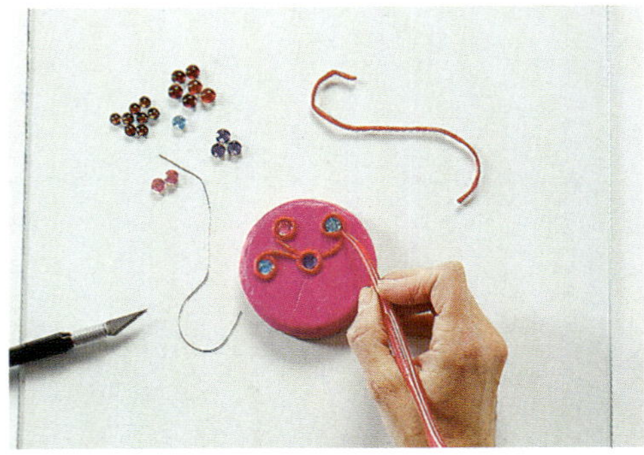

Repérez le centre du couvercle et placez-y un cabochon. Enfoncez-le légèrement dans la pâte. Préparez un long colombin rouge d'environ 3 mm de diamètre. Coupez-en un morceau et entourez-en le cabochon central. Lissez délicatement le raccord avec le doigt ou avec un ébauchoir si vous préférez.

4 La réalisation du motif

Commencez par placer les cabochons roses et turquoise en vous inspirant de la photo du couvercle. Entourez-les de colombins rouges en procédant comme précédemment. Veillez à bien soigner votre travail. Placez les autres cabochons entre les colombins et sur le pourtour du couvercle. Faites cuire (voir techniques générales p. 8).

Vase fleur pop

FACILE

Des vases tendance habillés de fleurs de couleurs vives rappelant le pop art.

FOURNITURES

- 3 vases carrés de différentes hauteurs
- Pâte à modeler à cuire jaune, rose foncé et orange
- Papier-calque
- Carton fin
- Colle gel transparente

MATÉRIEL

- Crayon à papier
- Ciseaux
- Plaque de verre
- Rouleau
- Scalpel
- Épingle
- Ébauchoir

❶ La découpe des pétales

Décalquez les patrons des pétales proposés ci-dessous et reportez-les sur du carton fin. Découpez-les. Sur une plaque de verre, étalez avec un rouleau une plaque de pâte à modeler à cuire orange la plus fine possible (environ 1 mm). Placez le gabarit des grands pétales sur la plaque de pâte à modeler et découpez soigneusement la forme avec un scalpel. Réalisez ainsi dix pétales. Procédez de la même manière pour les petits pétales.

❷ Le montage de la fleur

Taillez tous les pétales en pointe pour pouvoir ensuite les placer les uns à côté des autres et former la fleur. Avec une épingle, tracez des nervures sur les pétales, seulement pour la fleur orange. Formez la fleur en plaçant les grands pétales les uns à côté des autres en couronne. Placez les petits pétales par-dessus. Aidez-vous d'un ébauchoir. Soulevez légèrement les pétales

supérieurs pour donner du volume à la fleur. Pour le cœur, préparez une petite pastille que vous décorerez en faisant de très petits trous avec une épingle. Mettez-la en place. Vous pouvez aussi coller au centre de la fleur de toutes petites boules de pâte à modeler.

❸ Le collage

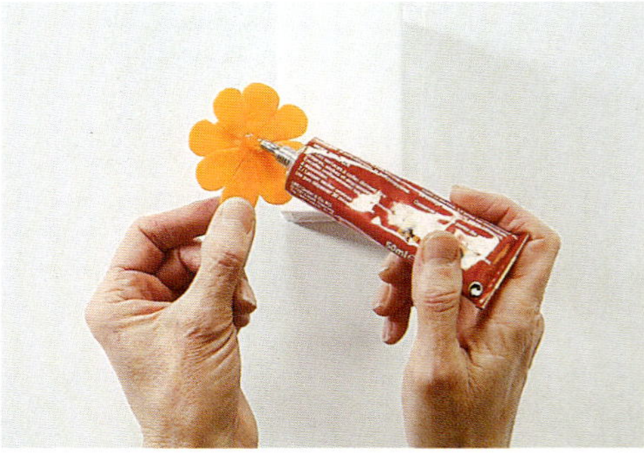

Faites cuire la fleur (voir techniques générales p. 8). Avec la colle gel transparente, collez-la sur le vase, à environ 2 cm du bord supérieur.

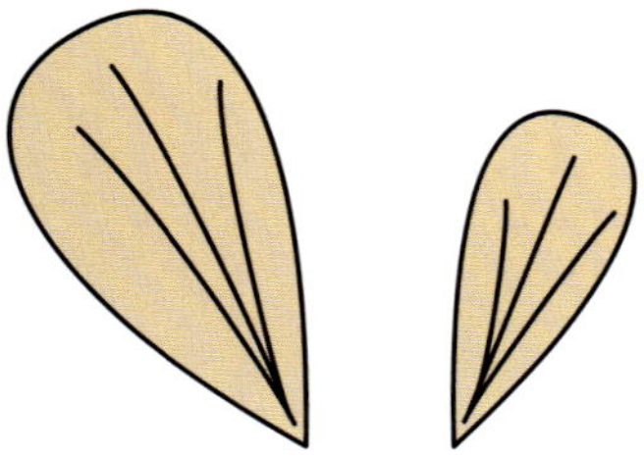

Fleur orange

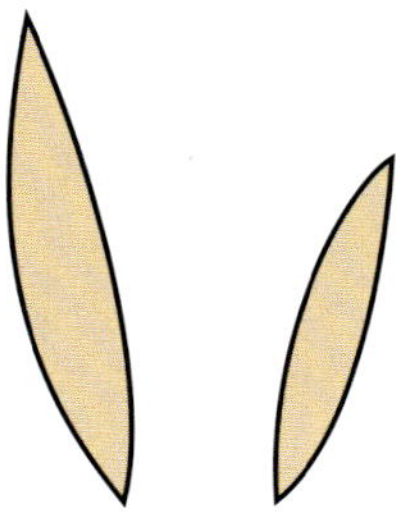

Fleur jaune

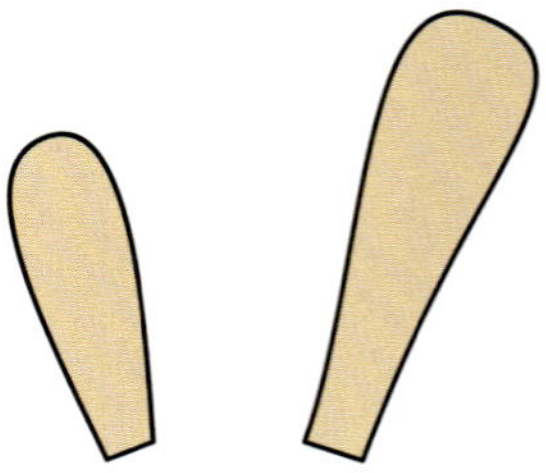

Fleur rose foncé

FACILE

Miroir indien

Miroir, mon beau miroir, dis-moi qui est la plus belle ? Les coquettes s'admireront dans ce miroir dont le décor s'inspire des broderies indiennes.

FOURNITURES

- Cadre de miroir en bois de 25 cm de côté
- Pâte à modeler à cuire bleue, verte, rouge, jaune
- Chutes de miroir ou petits miroirs ronds
- Peinture acrylique rouge et bleu primaire
- Colle gel transparente

MATÉRIEL

- Pince zagzag
- Plaque de verre
- Ébauchoir
- Cutter
- Ruban de masquage
- Pinceau

1 La découpe des miroirs

Avec une pince zagzag, découpez les chutes de miroir en ronds de 1,5 et 2 cm de diamètre. Préparez ainsi une quinzaine de ronds.
Ce travail est un peu délicat. Si vous préférez, vous pouvez acheter des petits miroirs ronds déjà prêts.

2 La réalisation des motifs

Formez de fins colombins d'environ 3 mm de diamètre dans les différents coloris de pâte à modeler. Enroulez les colombins autour des petits miroirs. Fixez-les sur l'envers des miroirs ronds.

Faites bien adhérer la pâte en la faisant déborder sur le miroir. Aidez-vous d'un ébauchoir. Préparez de toutes petites boules de pâte à modeler d'une autre couleur, ou des petites pointes. Fixez-les, à intervalles réguliers, autour des colombins. Faites cuire (voir techniques générales p. 8).

3 La peinture du cadre

Protégez le miroir avec du ruban de masquage. Mélangez de la peinture rouge et bleue pour obtenir du violet. Peignez le cadre. Laissez bien sécher et passez une seconde couche.

4 Le collage

Collez les différents éléments sur le miroir avec de la colle gel transparente. Inspirez-vous de la photo ci-contre pour la disposition. Au besoin, aidez-vous d'un pic à brochette pour étaler la colle sur l'envers des motifs.

TRÈS FACILE

Bijoux dorés

Beaucoup d'allure pour ces bijoux dorés ! Ils s'accorderont à vos tenues les plus simples comme les plus élégantes.

FOURNITURES

- Montures pour boucles d'oreilles, broches, barrette
- Pâte blanche très légère durcissant à l'air
- Papier-calque
- Carton fin
- Colle gel transparente
- Peinture dorée
- Anneau ouvert

MATÉRIEL

- Crayon à papier
- Ciseaux
- Plaque de verre
- Rouleau
- Scalpel
- Pic à brochette
- Pinceau

❶ La découpe des motifs

Décalquez les différents patrons de feuilles et reportez-les sur du carton fin. Découpez-les. Sur une plaque de verre, étalez avec un rouleau une plaque de pâte durcissant à l'air d'environ 2 mm d'épaisseur. Placez les gabarits de feuilles sur la plaque de pâte et découpez soigneusement les formes avec un scalpel.
Découpez une bande de pâte de la largeur et de la longueur de la barrette. Collez-la sur la barrette.

❷ Le dessin des nervures

Avec un pic à brochette, tracez les nervures sur les feuilles en vous aidant des modèles ci-contre. Toujours avec le pic à brochette, faites des trous dans la partie supérieure des feuilles destinées aux boucles d'oreilles. Ils serviront pour les attaches.

❸ La fixation

Laissez bien sécher les feuilles. Peignez tous les éléments en doré. Lorsque la peinture est bien sèche, collez les feuilles sur les supports de broches et sur la barrette. Fixez les accroches des boucles d'oreille à l'aide d'un anneau ouvert.

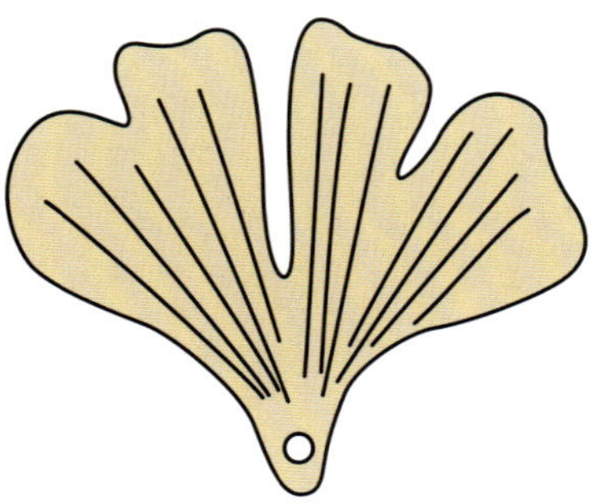

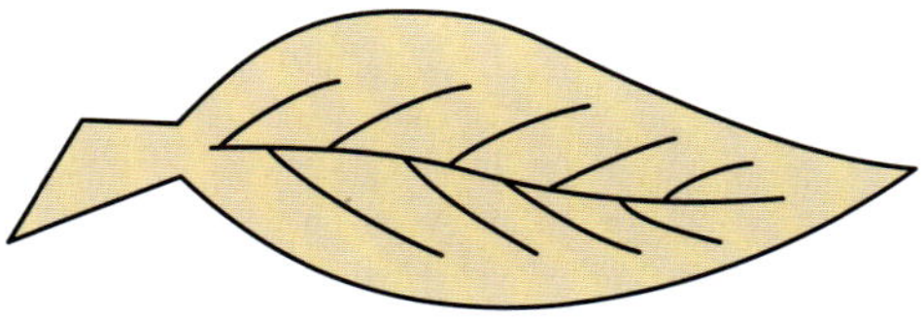

MINUTIEUX

Guirlande colorée

Égayez votre table en faisant serpenter cette guirlande de fleurs multicolores.

FOURNITURES

- Pâte à modeler à cuire rose, rouge, jaune et turquoise
- Fil de fer fin émaillé violet
- Fil de fer fin émaillé rouge
- Paillettes fantaisie

MATÉRIEL

- Plaque de verre
- Rouleau
- Règle
- Cutter
- Grosse aiguille
- Pince coupante

1 La réalisation des fleurs

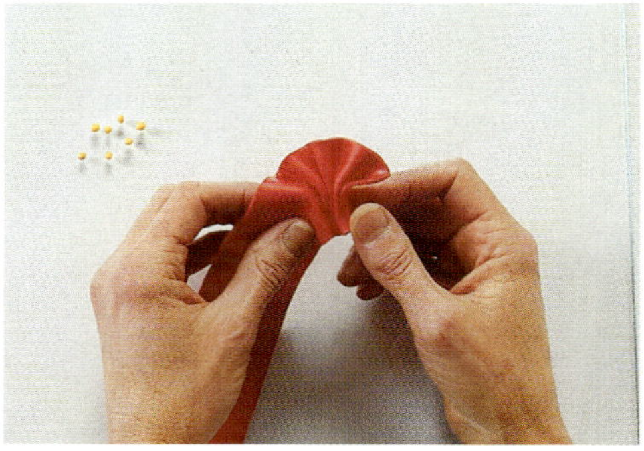

Sur une plaque de verre, étalez avec un rouleau des plaques de pâte rose et rouge d'environ 1 mm d'épaisseur. Avec la règle et le cutter, découpez des bandes de 20 x 3 cm. Préparez des petites boules jaunes pour le cœur des fleurs rouges et des petites boules turquoise pour le cœur des fleurs roses. Formez les fleurs en plissant la bande à la base et en l'enroulant sur elle-même.

2 Les finitions

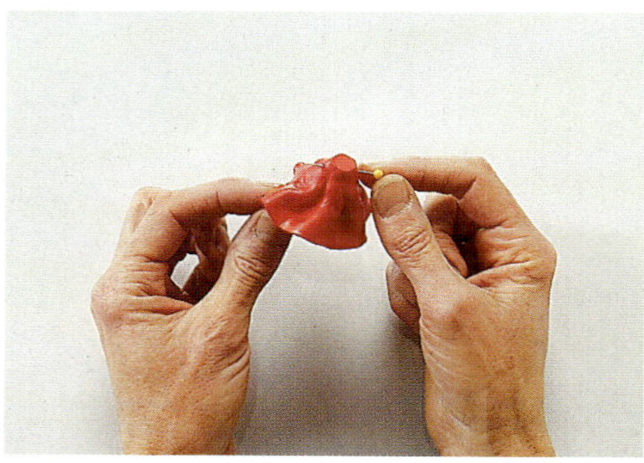

Modelez la base en pointe pour qu'elle colle bien. Puis coupez l'excédent avec un cutter. Avec une aiguille, faites un trou dans la base de la fleur pour faire passer le fil de fer. Mettez les petites boules en place dans les cœurs. Faites cuire les fleurs (voir techniques générales p. 8).

3 Le montage de la guirlande

Avec la pince coupante, coupez la longueur de fil de fer violet nécessaire pour réaliser la guirlande (environ 60 cm). Enroulez 1 cm de fil de fer rouge autour du fil de fer violet. Enfilez une paillette et entortillez le fil comme sur le schéma ci-dessous. Répétez cette opération trois ou quatre fois puis enfilez une fleur. Continuez ainsi en alternant les fleurs et les paillettes jusqu'à ce que la guirlande atteigne la longueur désirée.

FACILE

Armoire miniature

Une véritable armoire miniature pour faire rêver les petits... et aussi les grands qui se replongeront avec ravissement dans le monde de l'enfance.

FOURNITURES

- Pâte à modeler blanche durcissant à l'air
- Fil de fer moyen blanc
- Papier-calque
- Carton fin
- Peinture spéciale décor vert clair, vert turquoise, rose, jaune, bleu, violet nacré

MATÉRIEL

- Pince coupante
- Pince plate
- Plaque de verre
- Rouleau
- Crayon à papier
- Ciseaux
- Scalpel
- Cutter
- Pic à brochette
- Papier de verre fin
- Pinceaux fin et moyen
- Règle

1 La réalisation du cintre

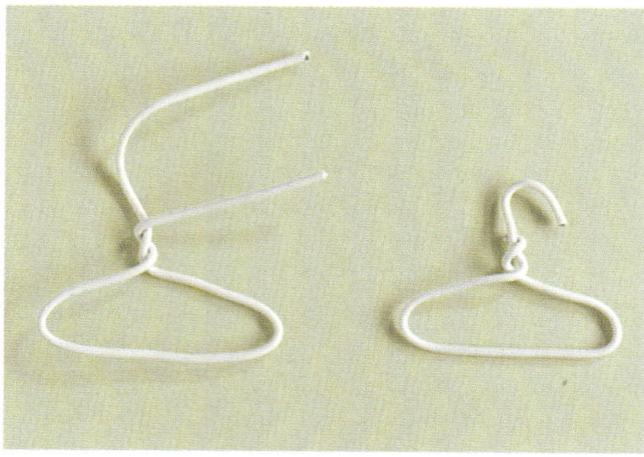

Avec une pince coupante, coupez 10 cm de fil de fer. Formez un petit cintre de 3 cm de base en entortillant le fil de fer. Aidez-vous d'une pince plate. Préparez ainsi quatre petits cintres.

2 La découpe des vêtements

Sur une plaque de verre, étalez avec un rouleau une plaque de pâte durcissant à l'air de 4 mm d'épaisseur. Décalquez les patrons des vêtements et reportez-les sur du carton fin. Découpez-les. Posez les gabarits sur la plaque de pâte à modeler et découpez soigneusement les formes avec un scalpel.

3 L'assemblage

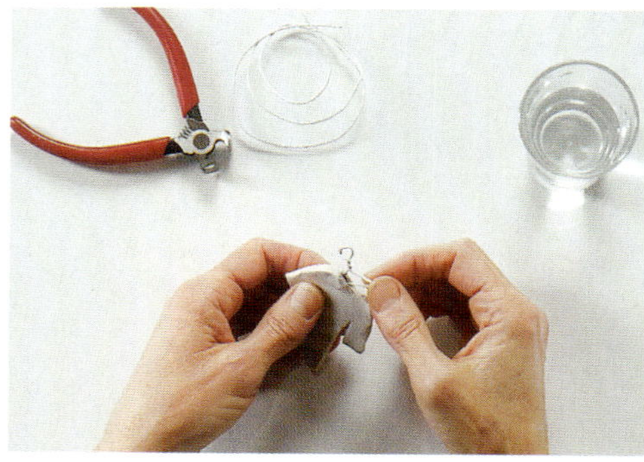

Installez le cintre dans l'épaisseur du vêtement et posez-le bien à plat. Lissez avec un peu d'eau. Laissez sécher.

❹ Les bottes

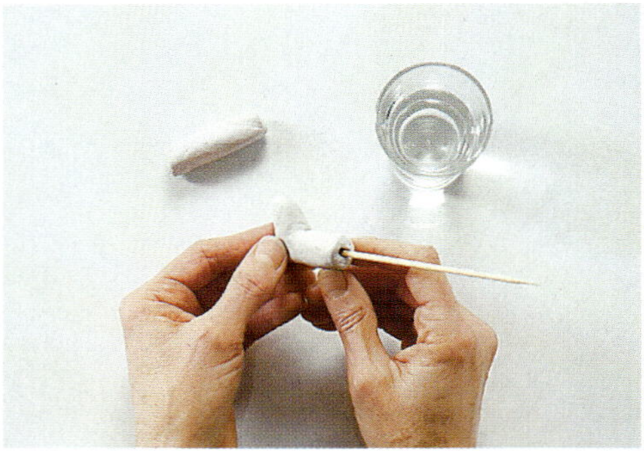

Roulez un petit colombin de 5 cm de long sur 1 cm de diamètre. À 2 cm de l'une des extrémités, pliez le colombin à angle droit. Enfoncez le pic à brochette dans les 3 cm restants et modelez la botte autour du pic. Lissez avec un peu d'eau. Agrandissez le trou central et laissez sécher.

❺ Les chapeaux

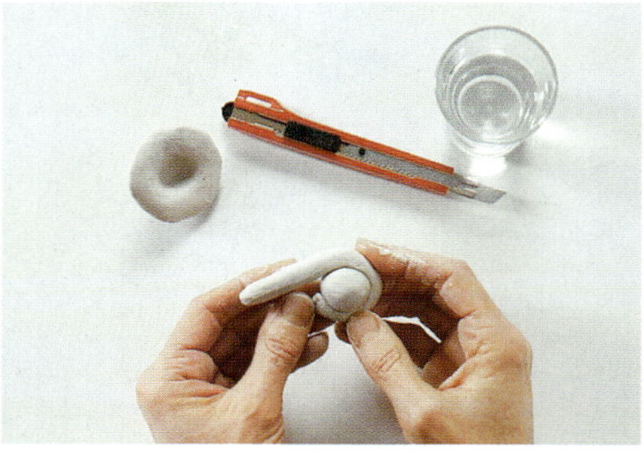

Formez une petite boule et un colombin. Collez-le autour de la boule avec de l'eau. Modelez la forme et appuyez sur l'intérieur avec le pouce pour faire un creux. Lissez avec de l'eau. Laissez sécher.

❻ Les boîtes et le panier

Formez les volumes de boîtes à partir de petites boules en les tapant légèrement sur la plaque de verre. Le panier est une petite boule que vous creusez à l'intérieur. Lissez avec de l'eau. Laissez sécher.

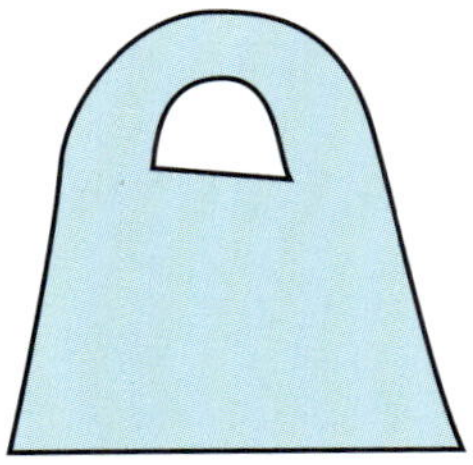

❼ Les piles de vêtements et le sac

Préparez une plaque de pâte de 5 mm d'épaisseur. Découpez trois plaques de 3 cm de côté et trois autres plaques de 3 x 4,5 cm pour les piles de vêtements. Décalquez le patron du sac et reportez-le sur du carton fin. Découpez-le. Posez le gabarit sur la plaque de pâte à modeler et découpez la forme avec un scalpel. Lissez avec de l'eau. Laissez sécher.

Armoire

❶ Les moulures et les pieds de l'armoire

Pour les moulures, préparez des petits colombins que vous enroulerez en arabesques et des petites boules aplaties sur une face. Réalisez quatre boules un peu plus grosses pour les pieds de l'armoire. Laissez bien sécher.

❷ Le ponçage et la peinture

Lorsque les objets sont parfaitement secs, poncez-les délicatement puis peignez-les. Pour le choix des couleurs, vous pouvez vous inspirer des photos. Laissez-les bien sécher avant de les installer dans l'armoire.

❸ La réalisation de l'armoire

En vous reportant aux patrons de la page 64, découpez au cutter les différentes parties de l'armoire dans du carton plume. Assemblez-les avec de la colle. Peignez l'armoire en bleu clair.
Pour la tringle, coupez un pic à brochette à la bonne dimension. Peignez-le en bleu. Collez-le.
Collez les pieds et les moulures puis disposez les différents éléments dans l'armoire.

FOURNITURES

- Pâte à modeler blanche durcissant à l'air
- Plaques de carton plume de 5 mm d'épaisseur
- Peinture spéciale décor violet nacré
- Colle gel transparente
- Pic à brochette

La boîte

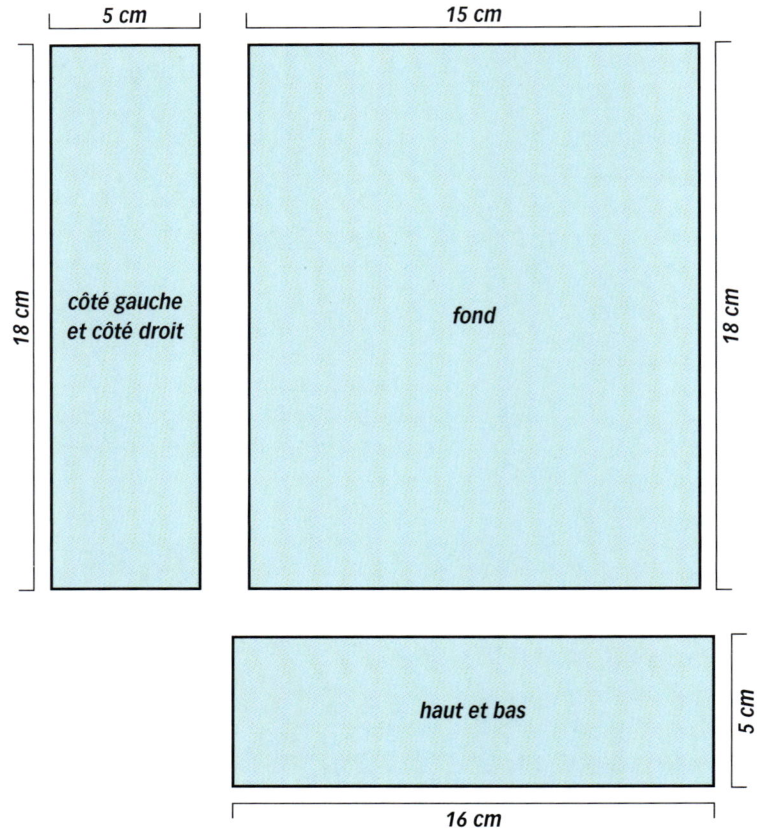

L'intérieur de l'armoire

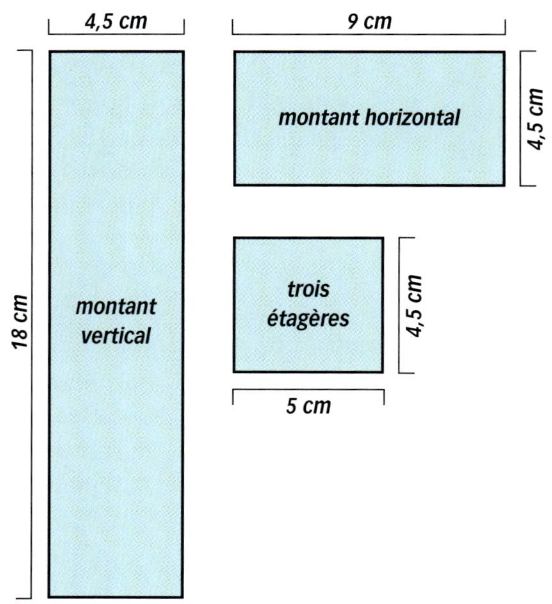

Achevé d'imprimer en France en août 2004 sur les presses de l'imprimerie Clerc s.a.s.
N° de projet : 10117569